佛心流慧泉

——親近大師，你會更智慧

羅金 著

佛心流慧泉

目錄

第三章 掃心地，拋卻內心的「惡」

佛心流慧泉

目錄

第四章 修佈施心，別讓欲望害了你

第五章 勿忘初心，始得善終

第六章　像佛一樣靜心

第七章　欲成佛門龍象，先做眾生馬牛

佛心流慧泉

目錄

第十章 善待身心，修煉歡喜禪

目錄

前言

人生就是一堂自學的修行課

佛說：佛法在世間，不離世間覺。離世覓菩提，恰如求兔角。也就是說，修行如果與生活脫節，就算佛法學得再多也是沒有用的。

普通人對禪的認識的最大誤區之一，就是把做事與修行分開。其實，黃粟禪師開田、種菜，溈山禪師和醬、採茶，石霜禪師磨麥、篩米，臨濟禪師栽松、鋤地，雪峰禪師砍柴、擔水，還有仰山禪師的牧牛、洞山禪師的果園，等等，都在說明禪在生活中，生活就是禪。

佛家認爲，人生就是一場修行，註定會經歷千回百轉，方能遇到一生的摯愛；註定要經歷浮浮沉沉，才能領會生命的涵義。人生走到最後，都要回歸樸素和簡單。將日子過成一杯白開水的味道，一碗清粥的簡單，才能品嘗到生活真實的味道，幸福便會不期而至。生命的頁面只有用簡單的線條勾勒，方能如詩如畫，只要心靈的清純還在，便是人生不老的風景。燃一盞心燈，照亮每一個黑暗的角落。

禪宗的要義有一條就是：坐也禪，立也禪，吃飯、喝水都是禪，日常生活即是禪。佛家的修行並不是總要坐在那裡閉目默想或者一味地敲著木魚念經，吃飯穿衣、一言一行都是修行。修行就是修心，修持一顆平靜的心，心放正了，一切都會一帆風順。

生活其實很簡單，就是在當下；修行其實也很簡單，就在身邊。生活中處處體現修行，修行時時處於生活。生活的不如意，就是修行上的一點點精進，一分分增上。處處圓融，隨緣自在，自在隨緣，這就是生活，這就是修行。

修行有很多內容，特別是今天，面對這個物欲橫流的世界，人類比任何時候都要經受更多的誘惑。如果不能有個正確的是非標準，不能有正確的人生觀價值觀，我們隨時都可能成爲欲望的奴隸，從而在人海中迷失自己。因此，每天每時，我們都要記住：我們是在進行一場修行。

讓我們一起踏入修行之路，一條通往人類內心最深遠處的道路。而在這條道路的盡頭，我們可以找到一種智慧，這種智慧能夠讓我們瞭解到生命的真諦，使我們的生命達到充滿喜悅的圓滿狀態。

花開結果，即是菩提。如果，我們能學會用一顆佛心來感悟人生，那麼在塵事中，你就會慢慢地修煉成一朵花，人生就會變得幸福快樂。

本書是一本集合了弘一法師、星雲大師、聖嚴法師、淨空老法師等諸多高僧無上智慧的修行必讀書。

動若不止，止水皆化波濤；靜而不擾，波濤悉爲止水。水相如此，心境亦然。不變隨緣，真如當體成生滅；隨緣不變，生滅當體即真如。一迷即夢想顛倒，觸處障礙；一悟則究竟涅槃，當下清涼。

修心，靜心，提升靈性，讓你的世界不浮躁，內心更強大。

以入世的姿態出世，以超然的心態生活！

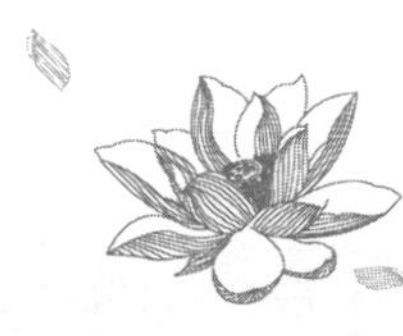

第一章

打開自己的「心量」

大海收容了每一朵浪花，不論其大小，故大海成其廣；
天空收容了每一片雲彩，不論其美醜，故天空成其大。
一個人如果真的擁有了比海洋和天空還要寬闊的胸懷，
那他就達到了一種仁愛無私的境界。

1 生命的真諦就是「自己把握」

我有明珠一顆，久被塵勞關鎖。今朝塵盡光生，照破山河萬朵。

——《白話百喻經故事》

古時候，有一個禪師研修了幾年佛法，卻不見開悟。

一天，大雨之後，禪師騎著毛驢從一座小橋上走過，驢子滑了一下，禪師從驢背上掉到了河裡。

萬幸的是，河水不是很深，禪師掙扎了幾下，從河裡站了起來。

禪師低下頭，看水中映照的被清新的河水洗滌過的自己，突然開悟，仰天大笑，吟道：「我有明珠一顆，久被塵勞關鎖。今朝塵盡光生，照破山河萬朵。」

人的天真本性，猶如明珠般寶貴。明珠上面佈滿了紅塵之沙，我們看不到它的本來面目。只有拂去心靈上厚積的灰塵，展露心性最初的樣貌，才是與佛最接近的時刻。

佛家有云：能真正做自己的主人，就不會因環境、對象的不同而改變自己。

神會禪師前去拜見六祖慧能，六祖問他：「你從哪裡來？」

神會答道：「沒從哪裡來。」

六祖問：「為什麼不回去？」

神會答：「沒有來，談什麼回去？」

「你把生命帶來了嗎？」

神會答：「帶來了。」

「既有生命，應該知道自己生命中的真相了吧？」

神會答：「只有肉身來來去去，沒有靈魂往往返返！」

慧能拾起禪杖，打了他一下。

神會毫不躲避，只是高聲問：「和尚坐禪時，是見還是不見？」

慧能又杖打了他三下，才說：「我打你，是痛還是不痛？」

神會答：「感覺痛，又不痛。」

「痛或不痛，有什麼意義？」

神會答：「只有俗人才會因痛而有怨恨心，木頭和石頭是不會感到痛的。」

「這就是了！生命是要超越一切世俗觀念，捨棄一切塵想與貪欲的。見與不見，又有什麼關係？痛與不痛，又能怎樣？無法擺脫軀殼的束縛，還談什麼生命的本源？」

慧能又說：「問路的人是因為不知道去路，如果知道，還用問嗎？你生命的本源只有自己能夠看到，因為你迷失了，所以你才來問我有沒有看見你的生命。生命需要自己把握，何必問我見或不見？」

佛家主張，生命的真諦就是「自己把握」。佛家有一句法語：「你看發生的一切都是正常的，看經歷的一切都是應該的，你才是真正開悟。都是應該的，有什麼不應該？都是因緣和合而生，因緣和合而滅。」

意思是，我們自己要開心、要快樂，但是開心、快樂不是裝出來的，內心要有智慧。你把這些道理弄明白，自然就會開心、快樂，那時是自由自在的。沒有修行、沒有智慧，就不會有自由自在。

如今，在物欲的追逐中，我們離這原初和本真的東西越來越遠。我們常常以為，只要能夠追逐到物質，就能擁有幸福；獲得了大量金錢，就能擁有許多東西。其實，就連我們腳下所踩的那一丁點兒土地也不為我們所有。很少有人能擁有心靈的平和與自在。

淨空法師說：「一切都看破了、放下了，那個時候才有真正的自由自在。這個時候就沒有什麼區別了，街上的乞丐和寶座上的國王有什麼區別？天堂和地獄有什麼區別？住別墅和住茅棚都一樣。不要攀這個、攀那個，不要去求這個、求那個，那不是學佛。你有所求就不是學佛，你有所攀就不是學佛。結緣了緣，有多大的福報就享受多大的福報。」

2 千佛萬佛，不如「你自己」管用

於一切法，應如是知，如是見，如是信解，不生法相。

——《金剛經》

當你自己看中了一件衣服，而身邊的朋友卻都說不好看，那麼你多半不會力排眾議，下決心購買。因爲你不想穿一件大家認爲很難看的衣服，你會想既然別人都說不好看，那一定是真的不好看。

不僅僅是在選擇衣服上，在其他諸如選擇工作、愛人等很多方面，我們都會犯這個毛病。結果常常是按別人喜歡的標準做了選擇，卻忽略了自己內心的真正感受。

一學者去見道悟禪師，並呈上一偈請他評點。

偈曰：「心佛與眾生，全體阿彌陀。相應阿彌陀，是波羅密多。」

禪師看了微微一笑，對學者說：「你的佛太多了。」

一天，學者與禪師外出，在回廟途中，禪師興致突來，便口占一絕：「春來野花香，秋放白雲忙。閑閑無所事，無語問太陽。」

禪師一邊唱一邊跳，完了以後對學者說：「這就是我這兩年生活的寫照。」

學者聽完沒有回答。

到了晚上，禪師帶著村民念佛做晚課，完了以後，學者非常疑惑地問道：「為何禪師也念佛？」

禪師笑了笑說：「因為他們需要。」

第二天，學者一覺醒來，心裡突然冒出一句話，就是「廓然無聖」，接著又有了一幅對聯：「寶藏從此出，樂天隨人願」。學者感覺很奇怪，便說與禪師聽，禪師聽後只說了句：「我把這幅對聯請人寫好掛在客堂。」

到了下午，學者與禪師聊天，禪師隨口吟出兩句詩：「兩手空空放膽量，霹靂如山任君行。」

學者想了想，也說道：「你的佛太多了。」

千佛萬佛，不如一佛管用，那就是你自己。無天無地大自在，笑弄風雲平常心。不管是在生活上，還是在工作上，沒有一個絕對的模範，更沒有一個絕對的信仰，唯一能相信的只有自己。

很多人所體驗的自己，完全是別人認爲應該「是」的人，沒有什麼屬於自己的意願、自己的思想和自己的快樂，活著僅僅是活著。這致使他們喪失了個性，喪失了尊嚴，喪失了自由的意志。既然如此，那還有什麼證據能證明「我」就是「我自己」呢？

當世人一味追求外物的時候，很少有人能夠去注意自己，並意識到自己的重要。喪失自我，是現代人痛苦的根源。當一個人喪失了個性，喪失了對自我生活的理解，那就意味著他對這個社會可有可無，誰都可以代替他，他也就沒有了存在的價值。當他無法主宰自己的靈魂時，靈魂就會盲從別人。

社會生活就是一齣戲，每個人都扮演其中一個角色，扮演者的行爲舉止應和角色相符。但他們往往做不到，因爲他們常常會遭到排斥，受到旁人的譏笑。你可能並不樂意扮演你所分配到的角色，而劇組又不同意你更換，這時，你應該意識到你有離開劇組、選擇另一齣戲的自由。

如果你不能清醒客觀地看待自己的天性，盲目地追隨他人的想法，最後苦的只有自己。生命可貴之處在於做自己，走自己的路。你無法取悅每一個人，如果你試著這樣做，那你將會失去自我。

3「我」總是會死的

吾自知去處，若吾不知去處，終不預報於汝。
——惠能大師

「人生寄一世，奄忽若飆塵。」意思是說，良辰美景往往轉瞬即逝，人生亦如是。匆匆百年，一晃而過，除了碑文上的字證明你我都曾來過，百年後，不會留下任何痕跡。許多道士爲求長生，煉丹製藥，也抵不過天命所歸。人，生命終結總有時。

在惠能大師去世之前，眾弟子都哭泣不止，唯有神會不哭，惠能大師知道只有神會悟了。惠能祖師對眾人說：「吾自知去處，若吾不知去處，終不預報於汝。」意思是，你知道自己最後的歸宿，心就能安定，就不會去擔心害怕自己什麼時候會死去。因此，學佛的人能夠知所歸，不懼怕死，也不過於執著於生死。

一天，佛陀問弟子：「弟子們！你們每天都忙忙碌碌地托缽化緣，究竟是為了什麼呢？」

弟子們恭聲答道：「佛陀！我們是為了滋養身體，以便保養身體，求得生命的清淨解脫啊！」

佛陀用清澈的目光環視弟子，沉靜地問：「那麼，你們說說肉體的生命究竟有多長？」

「佛陀！有情眾生的生命平均是幾十年。」一個弟子充滿自信地回答。

佛陀搖搖頭：「你並不瞭解生命的真相。」

另一個弟子見狀，肅穆地說：「人類的生命就像花草，春天萌芽發枝，燦爛似錦；冬天就枯萎凋零，化為塵土。」

佛陀露出了贊許的微笑：「嗯，你能體察到生命的短暫迅速，但對佛法的瞭解仍限於表面。」

接著，他又聽到一個無限悲愴的聲音說：「佛陀！我覺得生命就像浮游蟲一樣，早晨才出生，晚上就死亡了，充其量只不過是一晝夜！」

「喔！你對生命朝生暮死的現象能夠觀察入微，對佛法已有了表面的認識，但還不夠深刻。」

在佛陀的不斷否定、啟發下，弟子們的靈性被激發了出來。

又有一個弟子說：「佛陀！其實我們的生命和朝露沒什麼兩樣，看起來很美麗，可陽光一照，一眨眼的功夫，它就乾澀消逝了。」

佛陀含笑不語，弟子們更加熱烈地討論起生命的長度。

這時，一個弟子說：「佛陀！依弟子看，人的生命只在一呼一吸之間。」

他此語一出，四座愕然。大家都聚精會神地看著佛陀，期待他的開示。

佛陀贊許地說道：「說得好！人生的長度，就是一呼一吸。只有這樣認識生命，才能真正體驗到生命的精髓。弟子們，你們不要懈怠，以為生命很長，像露水有一瞬，像浮游有一晝夜，像凡人有幾十年。其實，生命只在一呼一吸之間！一分一秒都值得珍惜。」

佛家認爲：生命因緣而生，如同世間的任何物質，由很多偶然的因素集合而成，這個過程就是緣。人也一樣，人的生是很多條件的匯集，人的死也是很多條件的匯集，因爲一生中的生活方式、經歷等，致使了人最後的死亡，該生該死都是緣註定了的，這就是緣起法。比如，有人吸煙，這就是他的緣起，最後得了肺病就是結果。按現代的說法，是不良的生活方式導致了健康的惡化；按佛家的說法，就是種下了這種因，自然要收獲這種果。

佛家說：世間沒有一開始就有的東西，也沒有永恆不變的東西，一切都是因緣和合所生起。所謂「性空」，就是說：因緣和合所生起的假有，本性是空的；如果自性不空，則不能有，這就是「真空生妙有」。世間的萬事萬物，都是因緣和合而生，也都將隨著因緣分散而消失。因此，我們眼睛所看到的一切現象本性都是「空」，都是緣起而「有」。

修行是如此，生命也是如此，都是一個緣起緣滅的過程，起於空又落於空，無中生有。所以，在緣起時，不要執著於有。在生命歷程中，人們往往會偏重「有」，把得失看得過重。其實人本身就從無中來，最後的歸宿必然也還是無。水必然會乾涸，火必然會熄滅，甚至宇宙也一樣，自有它的產生與毀滅。

實際上，認真去經歷人生的種種就是修行的最佳方式。生命的無常和短暫，不應成為我們厭棄人生的理由；相反，它能激發我們用這樣一種態度去生活，那就是：珍惜生命，熱愛生命。

傑克‧倫敦那篇著名的《熱愛生命》的小說裡，淘金人歷盡苦難和艱辛，從死亡線上掙扎過來，使人們覺得人的生命力是那麼強大，人的生存欲望是那麼強烈。只有在死亡的邊緣，人們才會深切感受到生的可貴。

換言之，出生就是走向死亡。死亡是一定的，並且永遠等在那兒。要克服對死亡的恐懼，就必須要接受世上所有的人都會死去的觀念。

一位死刑犯在監獄裡留下一首詩：「獄中向陽窗邊，一朵水仙蓓蕾，但願見其綻放，而以澆水為己任！」

所以，佛家認為：「做人應先學習臨終之事，再學習其他的事。不眠者夜長，疲倦者路長，不知正確真理的愚人，生死輪迴長。死亡是最後的睡眠？不是的，它是最後的、終結的覺醒。」

只有失去過才知道擁有的可貴，然而，生命不能做這樣的遊戲，因為生命只有一次。既然「人身難得」，我們就更應當珍惜這永不復再的生命。我們應當用虔敬的、感激的、清醒的態度和最大的熱情、勇氣，去過好生命的每時每刻。

4 「恐懼」只會讓問題更加惡化

腦中充滿恐懼的念頭，只會使問題更加惡化，讓你感到壓力更大。我們有限的觀點、期望和恐懼，成了我們衡量人生的工具。

——聖嚴法師

佛學大師聖嚴法師說：「如果你要求事情要在特定的時間以特定的方式呈現，卻抗拒和恐懼最糟的結果，那你就沒有真正的放下。唯有誠心地接受所有的發生，才能放下恐懼，而恐懼是唯一阻礙你達到目標的障礙。讓我們無法放下恐懼的是我們對恐懼的抗拒和否認。」

有一天，老和尚讓小和尚到墳地靜修一晚上，並囑咐道：「無論發生什麼，都不要離開。」

晚上，小和尚遵照師囑來到墳地打坐，但漸漸地，他開始覺得害怕，感覺身後的岩石變成了巨大駭人的怪獸，披散著長髮，齜著獠牙。小和尚全身顫抖，再也無法靜修，但他記著老和尚的吩咐，只好繼續背對著「怪獸」躺在那裡。

天亮後，小和尚發現身後只有岩石，並沒有他想像中的可怕怪獸。他感到非常高興，覺得自己被賦予了重生的機會。

回到寺廟後，老和尚問道：「你那些恐懼有真實存在的實體嗎？它們不是從自性生又消融於自性嗎？」

的確，人有恐懼，缺乏信心，因此生起了「我不會」、「我不能」的心理，爲自己設了一個極限。恐懼錢財用完了，不能再來，就限制自己的開支；擔心把東西給人，自己沒得用，就限制跟人結緣的機會。恐懼是造成極限的罪魁禍首。所以，我們要放下心中的「恐懼」，沒有了「恐懼」，做事情時就不會瞻前顧後，更不會舉棋不定，也不會爲了生活中的種種得失計較，一切都隨它們而去，如此，心量自然不會被壓制。

當你將自己推向自己能力極限的時候，讓你感到恐懼的事就會減少。久而久之，你會漸漸領悟出一個道理：其實所有的恐懼都是你的大腦出於保護自己的本能而產生的，那些未知的恐懼並沒有你潛意識中認爲的那樣危險。

每天做這樣一件令自己畏懼的事，你的體內會產生大量的腎上腺素。而且，假如你完成了原先你認爲做不到的事，你會感覺非常棒，因爲你會發現，前面阻止你的障礙已經沒有了。你會過上更好的生活，獲得來自同行們更多的尊敬；同時，你也能更好地控制你自己，經歷許多別人想都不敢想的經歷。

5潛能、因緣是無限的

因無所住而生其心。
——《金剛經》

佛家說，人生不要怕沒有，只要甘於犧牲，歡喜奉獻，人生的潛能、因緣是無限的。

慧能父親早亡，家境貧窮以賣柴為生。一次，慧能賣柴回家的路上聽到有人讀誦《金剛經》之中「因無所住而生其心」時，萌生了學習佛法之念。於是，他前往黃梅雙峰山拜謁五祖弘忍，由此開始了學佛生涯。

慧能起初只能做一個火頭僧，地位很低下。即使在這種情況下，他還是一心一意地鑽研佛法，並且嚴格要求自己，聆聽佛法的教誨，揣摩佛法的真意。

慧能從來沒有看不起自己，他自尊自強，不斷用自尊提升自己的德業。

在五祖弘忍大師選禪宗衣缽的繼承人時，慧能寫下了流傳千古的偈子：「菩提本無樹，明鏡亦非台，本來無一物，何處惹塵埃。」最後，慧能大師成為唐代高僧，禪宗六祖。

既然人生不設限，那麼爲什麼還是有很多的人無法突破極限呢？

一個正在巡迴表演的馬戲團吸引了成千上萬的觀眾前來觀看，其中一隻大象的演出尤其令人拍案叫絕。

有一個少年特意跑到馬戲團的後臺，想要近距離地看看大象。他來到大象棲身的地方，那裡剛巧沒有其他人。

這時，他發現那頭大象被一條普通的繩子縛在一根木頭旁，他感到很奇怪。

少年好奇地問一位馴獸師：「先生，為什麼只用一條繩子便能制伏這麼巨大的象，難道不怕牠用力一拉便逃走了嗎？」

「你不瞭解吧！」馴獸師笑了笑，回答他，「當牠還小時，我們用大鐵鍊把牠鎖住，每當牠想逃走時，牠只要用力一拉鐵鍊，便會痛得動彈不得。久而久之，每當牠想要用力拉，就會有痛的感覺，最終，牠選擇了放棄。所以，現在我們只需要用一條繩子縛著牠，因為牠再也不相信自己能夠逃走了。」

許多人也像大象一樣，在經歷過多次的失敗打擊之後便消極起來，不是抱怨世界不公平，就是懷疑自己的能力。他們不是去努力尋找新的奮鬥目標，追求突破，而是一再地降低自己的人生目標——即使原有的一切限制已取消。

「大鐵鍊」雖然被換掉了，但他們早已經痛怕了，不敢再嘗試，或者已經習慣了，不想再跑了。人們總是因爲害怕而放棄追求成功，甘願忍受失敗者的生活。

難道大象真的不能掙脫繩子的束縛嗎？絕對不是，只是牠的心已經接受了「這根繩子的強度是自己無法掙脫的」這個現實。

有一個佛經上的故事，大意是，有一天，「心」向主人提出抗議——你每天清晨起床，我這顆心就為你睜開眼睛，觀看浮生百態；你想穿衣，我就為你穿衣避寒；你想漱洗沐浴，我就為你淨身；甚至大小便溺，我都毫無怨尤地幫助你。我們的關係如同唇齒一般密切，凡事你都應該跟我有個商量。

但學佛求道時，你卻背個臭皮囊東奔西跑，忙忙碌碌地向外攀緣尋找，而不知道返求於我。其實你要追尋的「道」並不在其他的地方，而是就在自己的心中！

一個人，無論他的能力多麼突出，才華多麼出眾，學識多麼淵博，最終決定他能否成功的只有一項因素——他的心。

6 萬物與「我」為一

內心沒有分別心，就是真正的苦行。

——靜德法師

莊子一生窮困潦倒。楚王曾經聘他做相，他拒絕得很乾脆。因爲他看盡物質享受的虛空，決心做心靈的神仙。他身無分文，卻知魚水之樂，「天地與我共生，萬物與我爲一」。他安時處順，逍遙自得，順應世俗，隨遇而安。

所以，不要因爲司空見慣就對自己享有的珍貴資源視而不見，不要因爲平平常常就對自己擁有的美好生活麻木不仁。當你鬱悶、憂傷的時候，靜下心來想一想，自己生活中免費享受到的重要又珍貴的好東西，與使你鬱悶、憂傷的那些不如意相比，哪個更有價值？

有一次，石屋禪師和一個偶遇的青年男子結伴同行。天黑了，那個男子邀請禪師去他家過夜：「天色已晚，不如在我家過夜，明日一早再行趕路？」

禪師向他道謝，與他一同來到了他家。半夜的時候，禪師聽見有人躡手躡腳地進了他的屋子，便大喝一聲：「誰！」

那人被嚇得跪在地上，禪師揭去他臉上蒙著的黑布一看，原來是白天和他同行的青年男子。

「怎麼是你？哦，我知道了，原來你留我過夜是為了這個！我一個和尚能有多少錢，你要幹就幹大買賣！」

那男子說道：「原來是同道中人！你能教我怎麼幹大買賣嗎？」他的態度是那麼懇切，那麼虔誠。

禪師看看他，對他說道：「可惜呀！你放著終生享用不盡的東西不去學，卻來做這樣的小買賣。這種終生享用不盡的東西，你想要嗎？」

「那東西在哪裡？」

禪師突然緊緊抓住男子的衣襟，厲聲喝道：「它就在你的懷裡，你卻不知道，身懷寶藏卻自甘墮落，枉費了父母給你的身子！」

真是一語驚醒夢中人。這個人從此改邪歸正，拜石屋和尚為師，後來居然成為了一名著名的禪僧。

很多人覺得自己擁有的東西很少，想要獲得別的東西，又不願付出昂貴的代價，所以整天慨歎「得不償失」。其實，我們能擁有的東西很多，並且都是珍貴而且免費的。陽光和空氣是大自然賜予的，免費，隨時享用。

不僅是空氣和陽光，人生離不開的免費好東西還有很多。藍天白雲、青山綠水，還有和風細雨、朗朗霽月、璀璨群星、花香鳥語等，不勝枚舉，我們可以盡情欣賞、盡情享受，完全免費。

精神方面同樣如此。

親情，是免費的。每一個人來到這個世界，都會受到父母的用心呵護。此外，爺爺奶奶、外公外婆，還有其他親人的愛，也都是飽含著深情。我們在親情的呵護下長大，是親情使我們的身心有所依託和寄存，是親情使我們享受到做人的快樂和幸福。而且，來自親人的親情都是發自內心的，沒有任何回報的要求，每個人都免費享受一生。

愛情，是免費的。真正的愛情，是發自內心純潔的愛，是最珍貴、最重要的。而且，不由自主的仰慕、發自內心的思念、心心相印的依戀、牽腸掛肚的惦念、甜甜蜜蜜的疼愛，還有堅實的依靠、忠實的傾聽、無拘無束的哭笑、相濡以沫的攙扶，都是免費的，也是金錢無法買到的。正是這樣一份免費的愛，使人們享受到了生命中最燦爛的光芒。

友情，是免費的。財富不是永遠的朋友，朋友卻是永遠的財富。這份永遠的財富所依託的真誠的友情，同樣是免費的。想一想，讓你開心的問候，讓你溫馨的祝福話語，讓你踏實的有力支持，讓你熱淚盈眶的傾力相助，讓你醒悟的苦口良藥，哪一個不是免費的？

親情、愛情、友情，能免費擁有這麼多重要的珍貴資源，使得自己能夠健康地活下去，就應該以感恩之心面對人生，實在是沒有理由去抱怨，更沒有理由讓陰雲佈滿自己的心靈。

7 學會自己度自己

儀式只是輔助我們的學習，不是我們所要學習的正題。佛陀只能指出修行的道路，卻不能替我們修行。所有的教導只不過是譬喻，用來幫助心靈看到真理。

——海濤法師

正值雨季，天上下著瓢潑大雨，一個男人在屋簷下躲雨，看見一位禪師打著雨傘走過來，大聲喊道：「禪師，度我一程如何？」

禪師看了一眼求助的男人，說道：「我在雨裡，你躲在屋簷下，何必要我度你呢？」

聽禪師這麼說，男人立刻衝到雨中：「現在我也在雨中了，應該可以度我了吧？」

禪師說：「我也在雨中，你也在雨中。我沒有淋雨是因為我撐了雨傘，你挨了雨淋是因為你沒有帶傘。準確地說，不是我度你，而是傘度你。如果要度，不必找我，請你去找自己的傘。」

這個人渾身都濕透了，生氣地說：「不願意度我就直說，何必繞這麼大的圈子。我看你不是『普度眾生』，而是『專度自己』！」

禪師聽了沒有生氣，心平氣和地說：「想要不淋雨，就自己找一把傘。這些天來天天在下雨，下雨天出門不帶傘，只想著別人肯定會帶傘，理所當然地以為會有帶傘的人來為你遮擋風雨，所以你才會挨雨淋。別人的傘不大，自己也要靠這把傘來遮擋，你憑什麼要拿傘的人來照顧你呢？」

最後，禪師還說：「你自己不帶好遮擋風雨的東西，只想著靠別人來度自己，這種想法最害人，到頭來必定會遭報應的。」

記住禪師的告誡，做人要承擔起對自己的那份責任，照顧好自己，不要指望別人爲你遮風擋雨。

人生就是陽光燦爛與風雨交加輪換交織的過程，每個人都難以避開自己不喜歡的風風雨雨，這是必須正視的命運。要避免在旅途中受到狂風暴雨的摧殘，就要撐起爲自己遮風擋雨的雨傘。

8 心若虛空，便能包容萬有

若人欲識佛境界，當淨其意如虛空；外無一法而建立，法尚應舍況非法。

——惠能法師

生命就是一場靜修的旅途，你的靜修之路能走多遠，取決於你的心裡能裝下多少人與事。

周文王寬宏博大，爲姜子牙拉車，換來了興周八百年的賢臣；孟嘗君有氣量，對馮諼提出的種種高要求一一照做，得到了立業的好助手；諸葛亮用包容的心對待法正的睚眥必報，也爲國家包回了一顆忠誠的心；李世民寬恕了曾是敵對集團的魏徵，得到了對國家大有益的諍臣……

可見，我們的「心」多大，擁有的東西就有多大；放在生活中，就是說，「空」，才能成就萬有，不「空」就沒「有」。

有一天，佛陀與迦葉、阿難一起外出行化。途中口渴，見遠處一位女子在井裡沒水，佛陀叫阿難去向女子化一杯水來喝。沒想到這位女子看到阿難過來，很不高興地說：「你來幹嗎？」

阿難答：「要向你乞一杯水。」

女子厲聲道：「我這裡沒有水，附近沒有別人在這裡，你不可以過來，趕快走，否則我拿扁擔打你！」阿難無奈，只好空手回去。

佛陀又讓迦葉前去討水。令人意外的是，女子見到迦葉，態度卻大為轉變，很溫和地對迦葉說：「有什麼事情嗎？」

迦葉答道：「因為口渴，想向你乞水。」女子親手給迦葉倒了一杯水，並又給他倒了一杯供奉佛陀的水。

阿難看到很奇怪，問佛陀道：「這位女子為什麼給迦葉水而不給我呢？」

佛笑著道出其中之由來：這位女子前世是隻老鼠，死在了路邊，當時阿難和迦葉還未出家，兩人剛好經過。

阿難不但沒有憐憫之心，反而心生厭惡，捂著鼻子表示這老鼠臭死人了；而迦葉看到死老鼠身上有很多蒼蠅，卻悲憫地說：「可憐的老鼠啊！死了還有那麼多蒼蠅在圍攻！」說罷就發慈悲把牠埋了。

如今老鼠轉世為人，因為阿難過去曾厭惡她，種下惡緣，自然對阿難心生討厭，哪裡還會給他水喝呢？而迦葉對她有過埋葬的恩情，種下了善緣，所以今生女子一見到迦葉就生歡喜心，原因就在於阿難沒有慈悲之心。

林則徐曾經說過：「海納百川，有容乃大。」大海只有廣泛吸取周圍的河浪，包容天下的雨水，才會那樣廣闊無垠。而一個真正靜心修行者的心能包容大海，一顆純淨的心需要另一顆純淨的心的相互映照，一顆黑暗的心更需要一顆純淨的心的照耀與沐浴。由黑暗而光明，由痛苦而幸福，這是一個漫長的靈魂洗禮。

星雲大師形象地解釋過：佛教裡，有一個字可以來形容這個包容，那就是「空」。空是因緣，是正見，是般若，是不二法門。空的無限，就如數字的「零」，你把它放在一的後面，它就是十；放在一百的後面，它就變成了一千。

大海收容了每一朵浪花，不論其大小，故大海成其廣；天空收容了每一片雲彩，不論其美醜，故天空成其大。一個人如果真的擁有了比海洋和天空還要寬闊的胸懷，那他就達到了一種仁愛無私的境界。

第二章

觀照本心，放下「我執」得自在

我們該把沉重的包袱放下；把我們拿不起的東西放下；
把我們不該拿的東西放下。留下信念，留下自我。
放下了，心更寬了，更廣了，更高了；
放下，才能真正的擁有。

1 煩惱都是自找的

性所變，乃為情，憎愛交加理不清。須知想念即本智，覓水離冰佛豈成？識得無明，頓息煩惱，正是自在當前的大覺之境。

——弘一法師

俗話說，「世上本無事，庸人自擾之」。其實，很多時候，煩惱都是我們自找的。要想從煩惱的牢籠中解脫，首先要「心無一物」，放下心中的一切雜念。

一個年輕人四處尋找解脫煩惱的秘訣。他走到一處山腳下，看到綠草叢中有一個牧童在那裡悠閒地吹著笛子，十分逍遙自在。

年輕人走上前詢問：「你那麼快活，難道沒有煩惱嗎？」

牧童說：「騎在牛背上，笛子一吹，什麼煩惱都沒有了。」

年輕人借過笛子試了試，但煩惱仍在。

他又踏上了尋找的旅途。有一天，他在山洞中遇見了一位面帶笑容的長者，便又向他討教解脫煩惱的秘訣。

老者笑著問道：「有誰捆住你沒有？」

年輕人答道：「沒有啊！」

老者說：「既然沒人捆住你，又何談解脫呢？」

年輕人想了想，恍然大悟，這麼多年來，不快樂原因只在於自己給自己束縛住了。

一切煩惱，歸根到底就是在生活中沒有學會放下，使身心背負著沉重的包袱，因而生活也變得越來越累，越來越辛苦。

有一老一少師徒兩個和尚下山化緣，途中遇一貌美生病女子，不能行走，師父二話不說便背起了病人。徒弟對此舉心存疑惑，因為師父日常總是教育徒弟男女授受不親，但師父今天卻做出了如此違背倫理的事情，但因為面對的是師父，徒弟不敢明言，所以一路上欲言又止。

師徒倆人把女子送回家後，師父就像沒事人似的對此事絕口不談。而徒弟則總覺得心中壓抑，對師父說話吞吞吐吐，似有滿腹牢騷與不滿。如是過了十多天，師父詢問徒弟緣由，徒弟便一五一十地談起了自己的困惑。

沒想到師父深深歎了口氣，說了如下的話，「我背人不過背了十幾里地，而你卻背了十多天。我早就把她放下了，你到現在還掛在心上。」

「智者無爲，愚人自縛」，生活中，雖然有很多人聽過這個故事，但誰又能徹底明白其中的涵義呢？人總是喜歡給自己的心靈套上枷鎖，給精神添加壓力。

人生的路很寬，爲官爲民，有錢沒錢，一樣可以活得有滋有味，只不過各有各的活法。民有民的樂，官有官的憂；窮有窮的喜，富有富的悲，這些都隨個人與環境的不同而變化，何苦處心積慮地去追求不屬於自己的東西？

佛法總是講究「空」。「空」有什麼效果？都是以輪迴中的妄想心，生出輪迴中的錯誤知見，如此在輪迴中轉來轉去。因此，佛說：「緊握雙手，裡面什麼也沒有；打開雙手，世界就在手中。」

南懷瑾大師進一步解釋說：「你在修行中，不試圖去達到任何境地。你可以隨你的意願，日以繼夜地精進修行，但是，如果心中依然有想攫獲的欲望，你就永遠也達不到平靜。所有物件假以時日，會分解回歸其基本元素，這是任何現象界的本然。唯有當我們明瞭並經歷到某些事物時，我們方能放下。」

日本的一位鳥巢禪師說得更形象：「沒有任何東西是屬於任何人的！在我們仍活著的時候，必須踏實地生活，不過到了最後，我們仍是無法保住任何我們盡其一生所追求到的事物。只有智者能洞察世界本身所帶來的痛苦。他們徹見了快樂與不快樂、美麗與醜惡，對他們而言，已沒有什麼是值得一看的了。」

2 虛懷若谷，直至菩提

識自本心，達諸佛理，和光接物，無我無人，直至菩提。

——《六祖壇經》

佛家有云：「識自本心，達諸佛理，和光接物。」這很明確地告誡我們，要以一種虛懷若谷的心態與人友好相處。唯有這樣，才能去除心中的煩惱與顧慮。

善昭禪師曾手執竹杖，對徒弟們說，禪家須識得「拄杖子」，始能徹底修行，了畢參學大事，並作《竹杖偈》，而這首詩偈就暗藏了「和光接物」的禪意。

一條青竹杖，操節無比樣。心空裡外通，身直圓成相。

渡水作良朋，登山堪依仗。終須撥太虛，卓在高峰上。

此偈中，竹杖其色青翠，節操古雅，象徵人的韶華正盛、風姿卓異；其心空形圓，象徵人的虛懷若谷、圓融通達；「卓在高峰上」，比喻可勵志助人到達崇高的境界。而這一切喻象，又蘊涵著深妙的禪意，頌贊參禪者悟後之空明心境，以及迴異於世俗的節操。

虛懷若谷是一種自謙，然而世人雖然都識此道，能夠做到的卻少之又少。

一個滿懷失望的年輕人千里迢迢來到法門寺，對住持釋圓說：「我一心一意要學丹青，但至今沒有找到一個能令我滿意的老師。」

釋圓笑笑問：「你走南闖北十幾年，真沒能找到一個自己的老師嗎？」

年輕人深深歎了口氣說：「許多人都是徒有虛名，我見過他們的畫作，有的畫技甚至不如我。」

釋圓聽了，淡淡一笑說：「老僧雖然不懂丹青，但也頗愛收集一些名家精品。既然施主的畫技不比那些名家遜色，就煩請施主為老僧留下一幅墨寶吧。」說著，便吩咐一個小和尚拿了筆墨紙硯來。

釋圓說：「老僧的最大嗜好就是品茗飲茶，尤其喜愛那些造型流暢的古樸茶具。施主可否為我畫一個茶杯和一個茶壺？」

年輕人聽了，說：「這還不容易！」於是調了一硯濃墨，鋪開宣紙，寥寥數筆，就畫出了一個傾斜的茶壺和一個造型典雅的茶杯。那茶壺的壺嘴正徐徐吐出一脈茶，注入到茶杯中。

年輕人問釋圓：「這幅畫您滿意嗎？」

釋圓微微一笑，搖了搖頭。

釋圓說：「你畫得確實不錯，只是把茶壺和茶杯放錯位置了。應該是茶杯在上，茶壺在下。」

年輕人聽了，笑道：「大師為何如此糊塗，哪有茶壺往茶杯裡注水，而茶杯在上、茶壺在下的？」

釋圓聽了，又微微一笑說：「原來你懂得這個道理啊！你渴望自己的杯子裡能注入那些丹青高手的香茗，但你總把自己的杯子放得比那些茶壺還要高，香茗怎麼能注入你的杯子裡呢？」

江河之所以能納百澗之水，就是因爲身處低處。做人也應如此，只有將自己放低，才能吸納別人的智慧和經驗。

有實力而不顯耀實力，是智者的處事方法。古人常講驕兵必敗，也是這個道理。

《六祖壇經》中講：「五解脫知見香，自心既無所攀緣善惡，不可沉空守寂，即須廣學多聞，識自本心，達諸佛理，和光接物，無我無人，直至菩提，真性不易，名解脫知見香。善知識，此香各自內薰，莫向外覓。」

意思是說：「第五是解脫知見香，既沒有迷戀和追求善或惡的心念，也不要沉溺於空妄寂寥的體驗，應該廣泛參學多聽教誨，認識本心，精通諸佛的教理，與塵俗之人友好相處，根據他們各自的特點，利用適當的方法拯救他們脫離生死輪迴的苦海。自成佛道而又不執著於自我，拯救世人而又不執著於此，一直從開始修行到覺悟成佛，真如自性毫不變異，這叫解脫知見香。善知識，這五分法身香要在內心自己薰染，不要向身外去尋求。」

3 跳出「小我」，破解痛苦

你的心猶如一間房子的主人，而種種的感覺就如來來去去的客人。

——慧律法師

佛家認為，我們的內在包含了兩個部分——一個是永恆絕對的大我，不生不滅的本體；而另外一個則是小我——自我，它是思考者、享受者和痛苦者。此兩者之間的關聯好比是太陽與它的影子。

小我，狹義來講即《金剛經》所說的「我相」——我們的肉身只不過是我們靈魂的暫住旅館而已。通俗地說，現在的金錢、權力、嬌妻也是無常變化、不實在的東西，在某個時間跟空間的交匯點上必然會消失。

《金剛經》上說，有求必苦，對幻化的世界多一份執著即多一份痛苦，也就無法體悟般若實相。所以，要突破小我，也就是要突破對有限、生滅的假相的執著與束縛，也就是《金剛經》中所講的「離一切相」、「應無所住」，語雖多變，義卻無二。

佛祖為了消除人們的疾苦，從人間選了一百個自以為最痛苦的人，讓他們把自己的痛苦寫在紙上。寫完後，佛祖說：「現在，請你們把手中的紙條相互交換一下。」結果，這一百個人交換看了別人的紙條之後，個個都非常震驚：過去總以為自己是最「不幸」的人，現在才知道很多人比自己更痛苦，自己還有什麼理由繼續消沉下去？

相互的比較可以讓人們清楚地看到原來被忽略的一些事實和本質，例如說，儘管你的職業不夠響噹噹，但是你的薪水很穩定；儘管你的相貌很醜陋，但是你的子女很上進；儘管你的老闆很苛刻，但是你的妻子很賢慧……一旦你開始誠心感恩上天的賜予，就會不好意思再誇大自己那些微不足道的痛苦了。

所以，佛教我們要從「小我」中跳離出來，用「大我」的心去細讀身邊的萬物眾生，如此，你會發現，正如以上的古老故事：有很多人比自己更痛苦，自己並不是這世間最「不幸」的那個人。既然如此，你還有什麼理由繼續消沉下去呢？而「我是世界上最不幸的人」的自我暗示一旦消除，人的壓力和負擔也會降低，再大的痛苦都會被輕易地瓦解與消除。

4 放下「我執」，捨棄無謂的堅持

如果你無法放下你的幻相，你將永遠得不到解脫。根本沒有一個永恆的自我，沒有一樣堅固、不變的東西是我們可以掌握得住的。

——聖嚴法師

不可否認，不放棄是一種良好的品性，但問題是，如果你所堅持的目標是錯誤的，而你仍要奮力向前，遲遲不願放手，那只能說是一種愚蠢的行爲。在錯誤的道路上，過分堅持會導致更大的錯誤。

很多時候，人們只看到了放下時的痛苦，卻忘記了不放下可能帶來的更大的痛。只有懂得放棄，才能在有限的生命裡活得充實、飽滿。執著，聽上去是一個優點，但在某些時候卻是一個很大的缺點。凡事盡心盡力就好，做事只求問心無愧。太執著了，只會令自己受累。

下面來看一段佛家文章——

人說：我想忘記。

佛說：忘記並不等於從未存在，一切自在來源於選擇，而不是刻意。不如放手，放下的越多，越覺得擁有的更多。

佛問：你忘記了嗎？

人說：沒有，或者說忘了吧，留存美好，忘記悲哀，一切自在來源於選擇，你說的。

佛笑得很開心，千百年來，佛一直笑得很開心。

說人生如夢，是因為人生存在不可知的未來；說夢如人生，是因為有夢才存在生活的欲望。註定的相識，如春季花開的聲音，悅耳的清脆；註定的離別，像晨曦的露水，平靜的美麗。與其說愛是種緣，不如說是留下幸福記憶的巧合。那巧合，使得傍晚的雲端，紫霞閃過。

佛說：笑著面對，不去埋怨。悠然，隨心，隨性，隨緣。註定讓一生改變的，只在百年後，那一朵花開的時間。百年前離別的那一天，我們沒能留住時間，只好把愛封在心田，期待來世再相戀。就算世界都忘記了永遠，我們的心不變，不管生命已經輪迴多少圈。

佛說：你心裡有塵。

人拍拍手，抖抖衣服，對著鏡子整整衣冠。

佛說：心裡的塵是抖不掉的。

人茫然四顧，一片迷茫。

佛說：心裡的塵只能用心，才能消除。

於是，人用力地擦拭。

佛說：你錯了，塵是擦不掉的。

人又將心剝了下來。

佛說：你又錯了，塵本非塵，何來有塵。

人無法領悟。

佛說：菩提本無樹，明鏡亦非台。本來無一物，何處染塵埃。

人仍不悟。

佛說：悟有兩種：頓悟和漸悟。頓悟時，那靈性閃爍的一剎那，猶如霹靂驚醒了沉睡的大力神，劈開了混沌。抓住火花的瞬間，才能看見內心的那一汪清泉。

佛說：你有太多的私心雜念。

人低頭向地，抬頭向佛，躬身自省。

佛說：私心雜念是去不掉的。

人一頭霧水，仍然不能理解。

佛說：你的意志不夠堅強，心志不能專一，生活沒有目標，總是任由時光過盡，最後卻一無所成。

人觀心自問，不禁冷汗滿身。

人問佛：我該怎麼辦？

佛說：放下了，就擁有了。

人接著又問佛：放下是什麼？

佛說：我要你放下的是你的心與念想，當你把這些統統放下，再沒什麼了，你才能從桎梏中解脫出來。

人終於明白了「放下」的道理。

看完之後，只要你有一絲觸動，就開始嘗試著對自己說：放下執著吧！「放下了，就擁有了。」是的，很多事情，放下了，也就擁有了。只有放下，心才能豁達起來；只有放下，你才能擁有真正的自我。工作上，放下名利，你就可以按照自我固有的想法、方式去把事情做好；生活上，放下一些不愉快的記憶，你才能過得更好。放下了，你就可以無憂無慮、勇往直前。

我們該把沉重的包袱放下；把我們拿不起的東西放下；把我們不該拿的東西放下。留下信念，留下自我。放下了，心更寬了，更廣了，更高了；放下，才能真正的擁有。

5 心閑到處閑，在家也可以修行

但得心閑到處閑，莫拘城市與溪山。是非名利渾如夢，正眼觀時一瞬間。

——法演禪師

佛家常說：安禪何須勞山水。

很多人都以爲，修行就是找個茅棚，找個清靜的地方，住在裡面，什麼事情都不做，茶來伸手，飯來張口……還有的人看到佛寺廣大莊嚴，清淨幽美，於是羨慕出家人，以爲出家人住在裡面，有施主來供養，無須做工，坐享清福。如流傳的「日高三丈猶未起」、「不及僧家半日閑」之類，就是此種謬說。

爲此，弘一法師解釋說：「出家人不是沒有事做，他們過著清苦生活而且勇猛精進，他們所做的，除自利而外，還有導人向善，重德行，修持，使信眾的人格一天一天提高，能修行得了生死，使人生世界得到大利益。怎能說是不做事的寄生者呢？」

而對於在家修行，南懷瑾大師也說：「大菩薩的入世修行才難，你要在人世間做個賢妻良母或做個盡責的好父親、好兒子、好丈夫十分不容易。這事擔負著妻子兒女的痛苦，而且要咬緊牙根有苦都不說，一切如夢如幻。於此痛苦中，一心清靜，不起惡念，處處利他利人，這才是真修行。可不是吃完飯把碗筷一丟，什麼事都不做，跑到這裡來打坐聽經。」

有一位虔誠的佛教徒，每天都會從自家的花園裡採擷鮮花，然後到寺院裡去供佛。有一天，當她正送花到佛殿時，碰巧遇到無德禪師從法堂出來，無德禪師非常欣喜地說：「你每天這麼虔誠地以香花供佛，來世當得莊嚴相貌的福報。」

信徒高興地說道：「這是我應該做的，我每天來寺禮佛時，自覺心靈就像被洗滌過一般清涼，但回到家中，心就煩亂了。我是個家庭主婦，要怎樣才能在煩囂的城市中保持一顆清淨純潔的心呢？」

「你以鮮花獻佛，相信你對花草總有一些常識，我現在問你，你如何保持花朵的新鮮？」無德禪師反問。

信徒答：「每天換水，換水時把花梗剪去一截，因為泡在水裡的花梗容易腐爛，腐爛後，水份不容易吸收，花就容易凋謝！」

無德禪師說：「要想保持一顆清淨純潔的心，其道理跟你養護花朵是一樣的。我們的生活環境就像瓶裡的水，我們就是花，只有不停淨化自己的身心，變化自己的氣質，並且不斷地懺悔、檢討、改進陋習和缺點，才能不斷吸收到大自然的能量。」

信徒聽後，歡喜作禮，感謝地說：「謝謝禪師開示，希望以後有機會過一段寺院裡的禪者生活，感受晨鐘暮鼓和梵唱的寧靜。」

無德禪師開示說：「你的呼吸便是梵唱，脈搏跳動就是鐘鼓，身體便是廟宇，兩耳就是菩提，無處不是寧靜，又何必等機會到寺院裡生活呢？」

無德禪師的話，猶如三伏天裡的一捧清涼的淨水，瞬間澆滅了這位信徒心中的燥熱，還她一個清涼的心境和世界。

無德禪師說：「出家可以修行，在家也可以修行。出家或在家，得看個人的願力與因緣。」他認爲，不管出家還是在家，只要能心存善念，遵守佛家的基本戒律，都可以算作是修行。佛法是慈悲和平等的，出家修行是功德，在家修行也同樣是功德。

佛說：心中有佛即是在道場。由此說來，「處處皆是佛，一切眾生人人皆是佛」也就不難理解了。宋代高僧法演禪師曾作有一首《心閑到處閑》的詩歌。詩云：但得心閑到處閑，莫拘城市與溪山。是非名利渾如夢，正眼觀時一瞬間。」這首詩歌告訴我們，一個人無論身在何處，只有心無掛礙，才能活得輕鬆自在；若是整天放不下世事，無論身處何種境地，都會活得憂愁煩惱。

6 擁有充實的精神世界

心中有事世間小，心中無事一床寬。

——夢窗禪師

人世間的是非名利都如夢幻泡影一般虛幻不實，如果你對這些虛無縹緲的事情捨不得、放不下，那就永遠得不到生活的自由。

一位哲學家在演講中講了這樣一段話：「快樂由心而生，心由事而定，事由人來做。全然的快樂是一種單純，它來自於簡單的心靈，心如果負荷得太多，事事想得太複雜，煩惱和憂愁就會隨之而來。」

演講完後，很多人都上前問：「快樂真的這麼簡單，這麼容易獲得嗎？」

哲學家回答是肯定的。為了證明自己的說法是正確的，他把一個小孩、一個數學家、一個物理學家同時請到一個密閉的房間裡。

黑暗中，哲人吩咐他們：「請你們用最廉價又最能使自己快樂的方法，儘快把這個房間裝滿東西。」

物理學家馬上伏在桌上開始畫這個房間的結構圖，然後埋頭分析這個季節哪裡是光照最佳的方位，在哪堵牆哪個位置開扇窗最合適。草圖畫了一大堆，絞盡腦汁的物理學家還是不能確定應該在哪堵牆上開窗。

而數學家在聽到吩咐後，立即找來卷尺丈量牆的長度和高度，之後伏案計算這間房的面積，並苦苦思索能用什麼最廉價的東西恰到好處地把房間迅速填滿。

只有那個小孩不慌不忙，他找來一根蠟燭，從口袋裡掏出火柴點亮它——昏暗的房間一下子明亮了。在物理學家和數學家還皺著眉頭設計種種方案時，那個孩子已經在屋裡圍著搖曳的燭光幸福地跳舞和歌唱了。

物理學家和數學家看著盛滿燭光的小屋，看著那個不費吹灰之力就簡簡單單獲勝的小男孩，不禁面面相覷。

哲人問物理學家和數學家：「你們難道沒聽說過用燭光盛屋這個古老的民間故事嗎？」

數學家和物理學家回答：「我們知道，可我們是數學家和物理學家啊，怎麼會用這麼簡單的方法。」

哲人歎了口氣：「心一旦複雜起來，歡樂和幸福就離你們越來越遠了。」

佛曰：「一花一世界，一葉一如來，春來花自青，秋至葉飄零，無窮般若心自在，語默動靜以自然。順其自然，莫因求不得而放不下。」一個人活在世上，在一定程度上，活的就是一種心境。

一個囚徒被關在一間僅有兩平方米大的牢獄裡。他每時每刻都覺得特別憋屈，既不自在，又無法活動筋骨。他覺得這裡簡直就是個人間地獄。

一天，這間牢房飛來了一隻蒼蠅，這位不速之客在囚犯的耳朵邊嗡嗡地叫個不停，讓他很是心煩。囚徒想要捉到這隻該死的蒼蠅，以解心頭之恨。不料，這隻蒼蠅還挺機靈，每當快要被捉到的時候，就輕盈地逃脫了。

就這樣，捉了好長時間，他依舊沒有捉到。這時，他才感慨地說道：「原來我的囚房並不小啊，居然連一隻蒼蠅都捉不到，可見還是挺大的。」

佛家有一個非常著名的故事：兩個人對著一面旗幡爭論不休。一個說：「如果沒有風，幡子怎麼會動呢？所以說是風動。」另一個說：「沒有幡子動，又怎麼知道風在動呢？所以說是幡動。」兩人爭執了很久，惠能大師聽了，對他們說：「二位請別吵，我願意為你們做個公正的裁判，其實不是風動，也不是幡動，而是二位仁者心動啊！」

這裡說的「心動」，不牽扯什麼哲學範疇，僅僅是告訴人們，唯有修好自己的心，才能不眼熱權勢顯赫，不嫉妒金銀成堆，不乞求聲勢鵲起，不羡慕美宅華第……只要擁有充實的精神世界，所看到的一切景物都會給自己帶來無限歡樂，感到世間處處充滿溫馨。

7順境逆境，都要管好自己的心

現逆順境，猶如虛空。
——《金剛經》

《金剛經》裡說：「現逆順境，猶如虛空。」佛家認為，有時候，上天會故意示現順境、逆境來磨煉你、考驗你。在順境時，看你是否沉迷；在逆境時，看你是否能夠維持平常心，不怨天，不尤人。

釋迦牟尼成佛之後，他的兄弟們也一個個都跟他出了家，只有難陀還留在家中，所以他們的父王便打算把王位交給難陀。但他總是擔心釋迦牟尼佛會將難陀也帶去出家，難陀的妻子也同樣非常擔心，因此她對難陀管得非常嚴。難陀每次出門之前，妻子都會先在難陀的額頭點上口紅，並且規定讓他在口紅乾掉以前回來，否則就要受到處罰。

難陀的妻子長得非常漂亮，難陀也非常喜歡她，因此很聽她的話。後來因為因緣成熟了，釋迦牟尼佛就托缽來到王宮化緣。難陀要出去，他的妻子非常緊張，唯恐自己的丈夫會一去不回，因此不願意讓他出去。兩人爭執了許久，最後妻子終於妥協，仍舊用口紅在難陀額上點一下，讓他把飯送出去後就馬上回來。

結果，難陀還是跟著釋迦牟尼出家了。但是他出家後依舊惦念家中的妻子，無心修道，整日六神不安。

有一天，釋迦牟尼佛問難陀去過天堂沒有？難陀當然沒有去過，佛就讓難陀抓住他的衣角，升到欲界天。

難陀看到天上美女成林，這些仙女個個都比自己的妻子漂亮，他高興極了，就在眾多美豔動人的仙女美色中穿來走去。過了一會兒，難陀覺得奇怪，怎麼這裡沒有一個男人呢？

仙女回答他說：「這裡的男性只有一位，他就是我們的老闆，現在正在人間修行。他名叫難陀，生在印度，是佛的弟弟，我們都在這裡等他修行果報成功以後上升做天主。」

難陀聽後就趕緊回頭找哥哥，要求他立刻帶自己下去修行。回去以後，難陀想著天上的仙女，拚命用功修行，念佛也不怕心亂了，盤腿也不怕腿痛了。

過了幾天，佛又帶難陀去地獄裡參觀。難陀看到有個兩個惡鬼手拿叉子，在火燒得猛烈的大油鍋旁等著，難陀又害怕又好奇地上前去詢問他們在等著什麼。

惡鬼說：「我們在等一個犯了淫惡之罪的人，此人現在正在跟著佛修行，然而他是為了貪圖情愛之欲才修行的，修行的動機不純，等他享完天福以後，便要到地獄來受此刑罰。」難陀一聽，嚇了一跳，從此開始心無雜念地修行。

佛家認爲，人生本就有苦有甜，有順境也有逆境，不必癡迷於現下的財、名、情、物，用平常心對待喜愛的事物，得之我幸，失之我命，不失爲一種快樂。

《圓覺經》中說：「由於欲境，起諸違順境背愛心而生憎嫉，造種種業，是故復生地獄餓鬼。」南懷瑾先生解釋說：「當我們有了愛欲之心，更會產生自私的佔有欲，然後，合於我心意的就是順境；達不到我的需求的就是違境。順境時沾沾自喜、得意忘形，碰到違境就產生痛苦、怨天尤人，甚至自暴自棄。人生的痛苦乃是因欲而來，與欲相違，或是欲望不滿足，便耿耿於懷，渾身不自在。」

其實，苦與樂乃是生命的盛宴。當痛苦襲來的時候，我們無須絕望；當欣喜來臨的時候，我們也無須狂喜。痛苦與快樂一生相伴，只有以一顆平常心去看待，學會恒久忍耐，才能不被外界牽著鼻子走。

第三章

掃心地，抛卻內心的「惡」

佛家認為，貪求心也好，嫉妒心也好，傲慢心也好，愚癡心也好，心量狹隘也好，這些都是「惡」心。內心存在著「惡」，才會和「惡」相對應的痛苦存在。如果能將內心的這些「惡」徹底去除，那些痛苦也會隨之煙消雲散。

1 掃除貪、瞋、癡等汙穢心

掃地掃地掃心地，心地不掃空掃地，人人若把心地掃，無明煩惱皆遠離。
掃地掃地掃心地，心地不掃空掃地，人人若把心地掃，人我高山變平地。
掃地掃地掃心地，心地不掃空掃地，人人若把心地掃，世間皆成清淨地。
掃地掃地掃心地，心地不掃空掃地，人人若把心地掃，朵朵蓮花開心底。

——佛教《掃地歌》

佛說：「如果一個人內心有痛苦，那就說明這個人的內心一定有和這個痛苦相對應的惡存在；如果一個人內心已經沒有任何惡，那麼這個人的心靈是根本不會感到痛苦的。」

這裡說的「惡」，並非是指「大奸大惡」的「惡」，也不是指一些違法亂紀的事情，只是指我們心中有貪、瞋、癡等汙穢，便有種種塵埃落下，蒙在心上，讓我們的心透不過氣來。

有一個青年向一位禪師請教：「大師，為什麼像我這樣善良的人還會經常感到痛苦，而那些惡人卻活得好好的呢？」

禪師很慈悲地看著他說：「既然你還經常感到痛苦，說明你內心還有惡存在，還不是純粹的善人，而那些你認為是『惡人』的人，未必就是真正的惡人。」

青年不服氣地說：「我怎麼會是一個惡人呢？我的心地一向很善良！」

禪師說：「請你將你的痛苦略說一二，我來告訴你，你內心存在著哪些惡！」

青年說：「我的痛苦很多！我有時感到自己的工資收入很低，住房也不夠寬敞，經常有『生存危機感』，因此心裡經常感到不痛快，並希望能夠儘快改變這樣現狀；社會上一些根本沒有什麼文化的人，居然也能腰纏萬貫，我感到不服氣；像我這樣一個有文化的知識份子，每月就這麼一點收入，實在是太不公平了；我的家人有時不聽我的勸告……」就這樣，青年向禪師述說了一大堆自己的痛苦。

禪師笑得更加慈祥，他和顏悅色地對青年說：「你目前的收入足夠養活你自己和家人，你們全家也有房屋住，根本不會流落街頭，只是面積小了一點而已，你完全沒不必為這些痛苦。可是，因為你內心對金錢和住房有貪求心，所以就有苦。這種貪求心就是惡心，如果你已經將內心的這種貪求惡心去除了，你就根本不會因為這些而痛苦。」

「社會上一些根本沒有文化的人發財了，你感到不服氣，這是嫉妒心。嫉妒心也是一種惡心。你認為自己有文化，就應該有高收入，這是愚癡心，因為有文化根本不是富裕的因，前世佈施才是今世有錢的原因。愚癡心也是一種惡心！」

「你的家人不聽你的勸告，你感到不舒服，這是沒有包容心。雖然是你的家人，他們卻有自己的思想和觀點，為什麼非要強求他們的思想和觀點和你一致呢？不包容就會心量狹隘，這是狹隘心，也是一種惡心！」

上文中的青年一直以爲自己是一個很善良的人，直到現在，才知道因爲內心有種種「惡」，所以才有種種苦。

佛家認爲，貪求心也好，嫉妒心也好，傲慢心也好，愚癡心也好，心量狹隘也好，這些都是「惡」心。因爲你的內心存在著這些「惡」，所以你才會有和這些「惡」相對應的痛苦存在。如果你能將內心的這些「惡」徹底去除，你的那些痛苦也會隨之煙消雲散。

所以，我們要「自己動手，主動清理」，調整自己的心態，拋卻那些對我們不利的「惡」心，掃掉心裡積壓已久的塵埃，讓心接觸到這個世界。

2去除不必要的猜疑心

疑心是人最大的毛病，在我們佛經裡面講：貪、瞋、癡、慢、疑、邪見是六個根本煩惱，把這六個根本煩惱化掉，就能夠成道正果。

——淨空法師

《三國演義》中有這樣一段描寫：曹操刺殺董卓敗露後，與陳宮一起逃至呂伯奢家。曹呂兩家是世交。呂伯奢一見曹操到來，本想殺一頭豬款待他，可是曹操因聽到磨刀之聲，又聽說要「縛而殺之」，便大起疑心，以為要殺自己，於是不問青紅皂白，拔劍誤殺無辜。

這是一齣由猜疑心理導致的悲劇。猜疑是人性的弱點之一，一個人一旦掉進猜疑的陷阱，必定處處神經過敏，事事捕風捉影，對他人失去信任，對自己也同樣心生疑竇，進而損害正常的人際關係，影響個人的身心健康。

變法之時，商鞅為了消除民眾對官府的懷疑和不信任，立木為信，下了一道命令：誰能把木頭從東門搬到西門，就賞他一千兩黃金。民眾聽了，心中都在懷疑。

最終，有一個人站了出來，把東門的木頭搬到了西門，官府果然給了他一千兩黃金！在此之後，民眾再也不懷疑官府說的話了，商鞅變法推行的政策因此得以順利施行，秦朝很快就成為了一個強國。

在印度有一個新樂山，傳說這個新樂山是羅剎鬼居住的地方，羅剎鬼專喝人血。所以聽到新樂山，大家都心生恐懼。

有一年，有一個戲班子為了謀生，決定遷到鄰縣去演戲，路上要經過新樂山。大家因為恐慌，從下午就開始倉倉皇皇地趕路，天黑時，一看還在新樂山上，心中都十分害怕，怎麼辦呢？一般人認為鬼是怕火的，他們便到山上撿了一些乾柴、乾樹枝起火，圍成一圈烤火休息。

到了晚上，天氣有些冷，戲班子裡面有一位團員，由於感冒，加上趕路，身體十分虛弱，覺得冷得受不了，便去找衣服穿。由於晚上天黑看不清楚，他隨便找了件衣服披到身上，那恰好是扮演羅剎鬼的戲服，他自己不知道，還將帽子戴到頭上，準備回去跟著大家一起烤火休息。

過了一段時間，戲班子的老闆醒了過來，一看那個團員的打扮，不禁大吼道：「羅剎鬼來了，趕快走啊！」

所有的人嚇得不得了，拔起腿來就跑，那個穿羅剎鬼戲袍的人聽到羅剎鬼來了，也跟在後面跑，前面的人回頭一看，以為是真的羅剎鬼追來了，於是更加拚命地往前衝。一直跑到天亮，大家一看，才知道虛驚一場，原來是自己嚇自己，根本就沒有羅剎鬼。

淨空法師認爲：「我們每一個人，在一生當中多半都是自己嚇自己，假的當成真的，虛驚一場！在佛法來講，這個故事就是提醒我們，人如果沒有般若智慧，把假的當作真的，受苦的就是自己。所以，我們要去除這個假像，心不生疑，要堅信這個真實性，有兩種方法：一是用我們的般若智慧，一是安住我們的正念。就是師父在說法，大眾聽法念心，這念心清清楚楚、明明白白，不想過去，不想現在，不想未來，當下這個心要處處作主、如如不動，安住這念心，就稱爲活在當下，這一念心就是如來妙心。悟到這個道理，開悟了，安住在這念心上，也就不會再疑東疑西，而能安坐在如來家中，我們人生就會越來越有意義。」

3 別被嫉妒的惡魔左右

嫉妒別人，不會給自己增加任何的好處。嫉妒別人，也不可能減少別人的成就。

——延海大師

人總是容易起嫉妒之心，然而，你的價值不會因嫉妒而增加，你的心情和聲譽卻會因嫉妒而受到影響。這種不良情緒是心靈的毒藥，是進取心的殺手，如果不注意控制，最終不但苦了自己，還會殃及無辜。

從前，有兩位很虔誠的教徒，他們的關係非常要好。有一天，兩人決定一起到遙遠的聖山朝聖。他們背上行囊，風塵僕僕地上路，誓言不達聖山朝拜，絕不返家。

兩位教徒走了兩個多星期之後，遇到了一位年長的白髮聖者。

這聖者看到兩位如此虔誠的教徒千里迢迢要前往聖山朝聖，十分感動，就對他們說：「從這裡距離聖山還有十天的腳程，但是很遺憾，我在這十字路口就要和你們分手了；而在分手前，我要送給你們一個禮物！你們當中一個人先許願，他的願望一定會馬上實現；而第二個人就可以得到那願望的兩倍！」

此時，其中一個教徒心裡一想：「這太棒了，我已經知道我想要許什麼願，但我不要先講，如果我先許願，我就吃虧了，他就可以有雙倍的禮物！不行！」

另一個教徒也自忖：「我怎麼可以先講，讓我的朋友獲得加倍的禮物呢？」

於是，兩位教徒就開始客氣起來，「你先講嘛！」「你比較年長，你先許願吧！」「不，應該你先許願！」兩位教徒彼此推來推去，「客套」地推辭一番後，兩人就開始不耐煩起來，氣氛也變了，「你幹嗎！你先講啊！」「為什麼我先講？我才不要呢！」

兩人推到最後，其中一人生氣了，大聲說道：「喂，你真是個不識相、不知好歹的人，你再不許願的話，我就把你的狗腿打斷、把你掐死！」

另外一人一聽，沒有想到他的朋友居然變臉，還恐嚇自己，於是心想：既然你這麼無情無意，我也不必對你太有情義！我沒辦法得到的東西，你也休想得到！

於是，這一教徒乾脆把心一橫，狠心地說道：「好，我先許願！我希望，我的一隻眼睛瞎掉！」很快地，這位教徒的眼睛馬上就瞎掉了一隻，而與他同行的好朋友也立刻兩隻眼睛都瞎掉了。

在日常生活中，嫉妒的存在是很普遍的。英國科學家培根就曾經指出：「在人類的情欲中，嫉妒之情恐怕是最頑強、最持久的了。」

古今中外，因嫉妒引起人際關係緊張和衝突的事件不勝枚舉。一些偉人及科學家在晚年為了保住自己的權威地位，表現出的嫉妒心理給人類造成的遺憾和損失更是令人痛心。

英國科學家大衛發現並培養了法拉第，然而，當法拉第的成績超過大衛之後，大衛心中不可遏制地燃起了嫉妒之火。他不僅一直不改變法拉第實驗助手的地位，還誣陷他剽竊別人的研究成果，極力阻攔他進入皇家學會，這大大影響了法拉第創造才能的發揮。直到大衛去世，法拉第才開始其真正偉大的創造。

大衛本應享受伯樂的美譽，卻因嫉妒心理阻礙了法拉第的迅速成長，不僅給科學發展帶來了損失，也使自己背上了阻礙科學發展、使科學蒙難的惡名，留下了令人遺憾的人生敗筆。

培根曾說：「嫉妒這惡魔總是在暗暗地、悄悄地『毀掉人間的好東西』。」嫉妒是心靈的枷鎖，會將一個人牢牢拴住，人們不但得不到任何好處，反而會跌進痛苦的世界中走不出來。

人為什麼會產生嫉妒?說到底，嫉妒其實是一個人自信心或能力缺乏的表現。

黑格爾說：「嫉妒乃平庸的情調對卓越才能的反感。」嫉妒發生的根源往往是人們通過與他人比較來確定自身價值。當看到別人的價值增加，便會覺得自己的價值在下降，產生痛苦的體驗，尤其是當比較對象原來與自己不分上下甚至不如自己時，更覺難以忍受。

嫉妒很容易轉化成對所比較對象的不滿和怨恨，進而產生種種嫉妒行爲，要麼尋找對方的不足將其貶低，要麼散佈無根據的謠言詆毀對方的名譽，甚至採取極端手段毀物傷人。有的人即使能控制自己不表現出過激行爲，但出於防禦心理的需要，往往會在對方面前表現出一副傲慢的、難以接近的樣子，用以維護自己的「自尊」，其實內心非常自卑。

如果你覺得別人比你好，比你出色，那你就加把勁趕上去，力爭上游。有意識地提高自己的思想認識水準，正是消除和化解嫉妒心理的直接對策。

對於比你強大和能幹的人，你不僅要有單純的羨慕和崇拜，更應該抱持一種「我一定會比你強，我一定能超過你」的想法。有了積極正面的思考方式，然後才會帶來奮發向上的實際行動。爭取做到「後來者居上」，你才能活出生命的色彩。

4 不盲目與人攀比

眼睛不要老是睜得那麼大，我且問你，百年以後，哪一樣是你的。

——靜蘭法師

生活中，如果你稍加留意，就會聽到諸如此類的話：「我真羨慕小王，年紀輕輕就在一家外商銀行做了經理，一個月的薪水抵得上我一年的工資。」「老高真是太幸運了，竟然娶到了市長的妹妹。」「我的兒子要是能有鄰居小孩那樣乖就好了。」……有人羨慕別人身在高位，有人羨慕別人生在一個富貴的家庭，有人羨慕別人的孩子懂事……羨慕什麼的都有。

偶爾羨慕一下別人實屬人之常情，但是，如果一味地拿別人的長處和自己的短處比較，那麼比較來比較去，你就會比較出一肚子的鬱悶。

有一天，上帝突發奇想，他想看看世間的萬物是否對自己的現狀滿意，於是就問眾生：「如果讓你們再活一次，你們還會選擇這樣的活法嗎？」

牛首先開口了：「假如讓我再活一次，我願做一頭豬。我吃的是草，擠的是奶，一天到晚還要幹那些力氣活，可是卻從來沒人給過我一句鼓勵的話，天天那麼辛苦，有時候還要忍受皮鞭的痛苦。做豬多快活，吃了睡，睡了吃，肥頭大耳，生活賽過神仙。」

豬說：「假如讓我再活一次，我要當一頭牛。雖然每天吃得不如現在好，還要幹那些力氣活，但是名聲好。我們在人眼裡就是好吃懶做、傻瓜笨蛋的代名詞，連罵人都要說『蠢豬』，而且，我們的下場都很慘。」

老鼠說：「假如讓我再活一次，我要做一隻貓。從生到死都由主人供養，即使每天什麼也不幹，也有飯吃。不像我們，成天要東躲西藏，過著提心吊膽的生活，還經常餓肚子。」

貓說：「假如讓我再活一次，我要做一隻老鼠。有一次，我偷吃了主人的一條魚，差點被主人打死；而老鼠卻可以在廚房翻箱倒櫃，大吃大喝，人們對牠卻無可奈何。」

老鷹說：「假如讓我再活一次，我願做一隻雞，有吃有喝的，有自己的住房，平時還能受到主人的保護。哪像我們，一年到頭總在外面漂泊，風吹雨淋，還要時刻提防冷槍暗箭，活得多累呀！」

雞說：「假如讓我再活一次，我願做一隻老鷹，可以自由地翱翔在天空，而且還可以任意捕兔捉雞。而我們除了生蛋、司晨外，每天還得提心吊膽，一來怕被主人宰殺，二來擔心被老鷹捕獲，每天都惶惶不可終日。」

女人說：「假如讓我再活一次，我一定要做個男人，什麼家務都不用做，下班回家只等著老婆把飯菜端上來就可以了，還可以經常出入酒吧、餐館、舞廳。」

男人說：「假如讓我再活一次，我要做一個女人，即使是不學無術，只要長得漂亮，一句嗲聲嗲氣的撒嬌，一個朦朧的眼神，便能讓那些正襟危坐的富豪們神魂顛倒。根本就不用像現在這樣拚命地在外面打拚，遭受別人的白眼，還得忍氣吞聲。」

……

還沒等其他動物開口，上帝就哈哈大笑起來，說道：「看來你們都只看到別人的好，而忽略了自己的優點。既然如此，還是一切照舊，你們還是做自己吧！」

人們總喜歡羨慕別人，卻忽略了自己所擁有的。很多人總是渴望獲得那些本不屬於自己的東西，而對自己擁有的視而不見。其實，每個個體之所以存在於世界上，自有它存在的意義。每一個人都擁有自己的優點和長處，也有自己的缺點和短處，安心做自己的人，才是智慧的人。

所以，從現在開始，把你羨慕的眼光從別人身上收回來，努力做好自己，將自己的才能發揮到極致，這才是聰明人的做法。

5只想盡善盡美，最終往往是兩手空空

每個人都想爭取一個完美的人生。然而，從古至今，海內海外，一個百分之百完滿的人生是沒有的。所以我說，不完滿才是人生。

——季羡林

有一位禪師每日與眾人宣講佛法，都離不開一句話：「快樂呀快樂，人生好快樂！」可是有一次他得病了，在生病中不時喊叫著：「痛苦呀，好痛苦呀！」

另外一位禪師聽到了，就來責備他：「你一個出家人，生病了，老是喊苦，多難看呀！」

生病的禪師說：「健康快樂，生病痛苦，這是順其自然的事，為什麼不能叫苦呢？」

另一位禪師說：「記得當初你有一次掉進水裡，快要淹死了，你還是面不改色，那種豪情如今何在？你平時都講快樂，為什麼到生病的時候要說痛苦呢？」

禪師抬起頭來輕輕地問道：「你剛才說我以前講快樂，現在都是說痛苦，請你告訴我，究竟是說快樂對呢，還是說痛苦對呢？」

這則故事很好地告訴我們，完美與不完美都是相對的。當我們能夠把生活中那些不如意的事情看成人生的重要組成部分時，人生就是完美的；而當我們把它看成是一種缺憾時，人生就是不完美。

一個男人來到一家婚姻介紹所，進了大門後，迎面又見兩扇小門：一扇寫著「美麗」，另一扇寫著「不太美麗」。

男人推開「美麗」的門，迎面又是兩扇門：一扇寫著「年輕」，另一扇寫著「不太年輕」。

男人推開「年輕」的門——這樣一路走下去，男人先後推開了九道門。

當他來到最後一道門時，門上寫著一行字：「您追求得過於完美了，到天上去找吧！」

追求完美，是人類自身在成長過程中的一種心理特點或天性。人類正是在這種追求中不斷完善自己，而使得自身脫去了以樹葉遮羞的生活，變得越來越漂亮，越來越文明，最終成爲萬物之靈。

生活中的美無處不在，每個人也都有對美的追求，有些人甚至還在執著地追求完美。

完美是美的極致，美的最高境界，是一般人很難企及的，所以，你不必刻意去追求完美。一些人一心只想盡善盡美，最終往往是兩手空空。人世間的許多悲劇，正是因為人們熱衷於追求虛無縹緲的最完美的樹葉，而忽視了平淡的生活。

一位老和尚想從兩個徒弟中選一個做衣缽傳人。

一天，老和尚對徒弟說：「你們出去給我找一片最完美的樹葉。」兩個徒弟遵命而去。

時間不久，大徒弟回來了，遞給師父一片並不漂亮的樹葉，對師父說：「這片樹葉雖然並不完美，但它是我看到的最完整的樹葉。」

二徒弟在外面轉了半天，最終卻空手而歸，他對師父說：「我見到了很多很多的樹葉，但怎麼也挑不出一片最完美的。」最後，老和尚把衣缽傳給了大徒弟。

生活中，我們有太多的差錯，太多的缺憾，沒必要一定要達到完美的境地。也許正是因為過錯和失去，才令我們充實和完整。一部《三國》，給後人留下了多少感歎：料事如神的諸葛亮，竟千慮一失，錯用馬謖，以至街亭失守，出師中原功敗垂成；威振華夏的關雲長，終因剛愎自用，「大意失荊州」，喪命於他一向瞧不起的「江南小兒輩」；精明幹練如江東周郎，竟那般氣量狹窄，在「既生瑜，何生亮」的哀歎中英年早逝……這些千古流芳的風流才俊，每個人都曾鑄成終生遺恨，都帶有人格上的些許「硬傷」，但這絲毫不會貶損他們各自的形象。相反，局部的缺陷恰好襯托出了整體的熠熠閃光，由此構成的殘缺之美，無不給人以獨特的審美享受。

從某種意義上說，一個完美的人也是一個可憐的人。因爲完美，他無法承受探險者命懸一線的刺激；因爲完美，他不能領略拓荒者飽經風霜的艱辛；因爲完美，他不會擁有失敗者臥薪嚐膽的堅韌。他只能是溫室中的花木，金絲籠中的玉鳥。世界並不完美，人生當有不足。完美是一種負累，完美沒有終點，也沒有標準，只會隨著追求者的心境而永遠無法企及。

完美並不符合自然規律。花開雖豔，遲早要敗；燕舞雖美，卻秋來南飛。完美的生活只會讓生命失去色澤，失去社會的真實，失去意氣風發的自我。

這個世界上根本就沒有完美的東西，有缺陷的東西才是真正的完美。如果你能夠認識到這一點，你就能以平常的心態對待生活，對待周圍的人和事，對待這個社會，你會突然發現，原來自己生活的這個世界是如此美好。

6 總是想著「如果當初……」的心囚

何必為痛苦的悔恨而失去現在的心情，偶爾抱怨發洩一下，是十分必要的，但是無休止的抱怨只會增添煩惱。

——釋能法師

很多人在犯錯之後不能原諒自己，甚至憎恨自己，進而影響到現在乃至未來做事的心情。如果憎恨過於強烈，就無法洗心革面，無法看到希望的曙光。不如反過來想一想，錯誤既然已經犯下了，再懲罰自己有什麼用呢？而且你已經爲此付出了沉重的代價，爲什麼還要搭上現在和未來呢？

在紐約曼哈頓的一家法國餐廳裡，戈頓先生愁容滿面地坐在裡面，氣色相當不好。

那天早上，他失去了一個相當重要的商業機會，現在，他在這裡等待一位老朋友的到來，準備好好向他傾訴這個煩惱。

戈頓的朋友是一位著名的精神科醫生。他一走進來，戈頓就急著準備開口，但這時對方卻從口袋裡拿出了一台答錄機。戈頓看著他，完全不明白他的用意。

他的朋友說：「在這卷錄音帶上，我錄了三個病人說的話，你仔細聽聽他們說了些什麼，也許你能從中找出共性。」

戈頓認真地聽著，很快便發現，錄音帶裡的三個聲音有一個共通點，那便是他們都很不開心。

第一個是男人的聲音，他說的是關於生意上的損失和失敗；第二個是女人的聲音，她心酸地訴說著每一段錯過的姻緣；第三個是一位母親，她十幾歲的兒子被關進了監獄，這讓她很自責。

聽完後，朋友說：「你聽出來了嗎？他們都用了兩個共同的詞，就是『如果』、『只要』。」

朋友繼續對戈頓說：「『如果』、『只要』這兩個詞，並不能對既成的事實有任何改變，反而會使我們無法坦然面對錯誤，一味退縮而不敢前進。假使你用慣了這幾個字，以後你也只會說『之前如果怎樣』，而不會想『現在應該如何』。」

戈頓聽完後，感激地看著老朋友說：「謝謝，我知道要怎麼做了！」

生活當中，當遇上讓自己懊悔或困擾的問題時，別再想著「如果當初……」，而要想著「如何解決」，把問題的解決方法找出來，告訴自己：「下次我可以這麼解決。」

佛家認爲：「我們修行以超越世間，從而將這些事情帶往終點。佛陀教導去放下它們，去捨棄它們，因爲它們只會引起痛苦。如果你拿起某件事物並帶著它好一會兒，那麼當它變重時，你應該將它放下，拋下它，別再使自己痛苦了。」

常常聽一些人痛苦地說：「我永遠無法原諒自己。」可是，不原諒又如何？那等於把自己推入了一個永不見底的深淵，從此再也看不到希望和光明。世上沒有「後悔藥」，誰也不能改變過去，對自己的責怪只會加深自己的痛苦。

當昨天毫不留情地在生命中留下殘羹冷炙時，與其竭盡全力地去爲之哀痛，還不如選擇瀟灑脫地面對。只有這樣，你才能繼續湧動生命的活力。

7學會和你不喜歡的人相處

即使你善待對方，對方還是對你不好，你仍舊要繼續與他結善緣，因為既然過去未曾與他結好緣，此生更應該與他結善緣。

——聖嚴法師

聖嚴法師曾經說：「像我透過寫作、演講，也和很多人結了緣，因此我走在路上時，很多人見到我就會說：『你是聖嚴法師嗎？我看過你的書。』我雖然不是直接與讀者面對面，而是間接透過書本作媒介，也算是與大家結緣——從佛教的觀點來看，這就是『緣』。如果結的緣是好緣，別人自然會主動親近你，喜歡和你做朋友；如果結的緣是惡緣，別人就會討厭你，不願意和你合作。所以，如果大家都不喜歡你，或許就表示你平時不願與人結善緣。」

彼此有緣的人在一起，必然會感到親切、歡喜；遇到和自己無緣的人，光看對方的模樣就覺得討厭，他的一舉一動都讓你不順眼、不喜歡，甚至連髮型和動作都遭到了你的嫌棄。

其實問題並不一定出在對方身上，因為喜歡或討厭是主觀的感受，有些可能是你自己從小養成的觀念，有些則可能是過去的經驗在腦海裡留下的印象。例如，看到三角臉的人，就聯想到毒蛇的頭是三角形的，覺得很可怕；看到瘦長的臉又聯想到馬臉，覺得很難看；看到圓形臉，又認為是燒餅臉，不雅觀。總之，似乎無論看到哪一種臉型，都會有意見。又或者，某類型的人曾經在某個機緣下，帶給你很不舒服的感覺，從此以後，看到這類型的人你就覺得反感。

由此可見，喜歡或不喜歡，可能起因於自己在過往的經驗中，在某一時刻停駐過心頭的記憶，也可能是過去的事所帶來的好惡，以至於見到某類型的人、聞到某種味道、聽到某種聲音，都會產生自然的心理反射。

所以，如果某個人讓你覺得很討厭，可能是你過去的事沒有和他結善緣，或根本結的就是惡緣；也可能是你在這一生中，沒有意願要與這類型的人結緣。但是，你討厭的人未必真的會對你造成不好的影響，那只是你主觀意識在作祟，導致你排斥、不願接觸對方；如果對方也有同樣的回應，就會造成互相敵對的局面，漸漸地，你就變得沒有人緣了。

所以，當你遇到不喜歡的人時，不妨這麼想：就是因為自己前世沒有和對方結善緣，所以這一生他老是來煩我、整我、讓我難過，但這些困擾可以讓我有更多磨練的機會、成長的空間，所以，自己應該感謝他。

有個人覺得老闆不講理，而且看不起自己，便想辭職。

朋友勸他，把能學到的東西學到手再走不遲，這樣跳槽也有資本。

於是，他忍受著不甘，認真地工作，還學習老闆處理事務的方法。

兩年後，朋友問他：「你東西都學到手了，準備走了吧？」

他笑著說：「我不走了，因為老闆現在很重用我。」

這個故事告訴我們：每個我們不喜歡的、難相處的人，都有可能是幫助自己成長的貴人。我們的人生因爲與他們的相遇，才變得更加豐富，更加智慧，更加成熟。

一首小詩說得好：「感恩斥責我的人，因爲他讓我學會了思考；感恩絆倒我的人，因爲他鍛煉了我的雙腿；感恩傷害我的人，因爲他磨礪了我的心志……」

請把每個你不喜歡的人都看成人生路上的一門必修課。問問自己，在這門課程裡，你可以學到什麼？挑剔苛刻的老闆，鍛煉了我們周全思考、精益求精的工作態度；壞脾氣的長輩，讓我們學會了溫和、靈活的人際交往能力；甚至那些惡意欺騙我們的朋友，也能提升我們分辨是非、慧眼識人的能力。「玉不琢，不成器」，原本粗笨的璞石，要經歷鋸、鑽、磨、雕、燒等種種折磨，才能變成玲瓏精緻、價值連城的玉器。人的成長也如此，種種不喜歡的人以及他們帶來的種種不喜歡的境遇，能幫助我們成爲最好的自己！

8 收起好勝心，讓你贏，我也沒有輸

當你手中抓住一件東西不放時，你只能擁有這件東西，如果你肯放手，你就有機會選擇別的。

——善元法師

有時候，言語是很蒼白無力的東西，它並不能爲我們帶來什麼實質上的利益，我們也很少能夠單純地通過言辭去說服別人改變立場，讓人心悅誠服。即使別人嘴上說著「算你贏了，我說不過你」，也至多是個「口服心不服」。

一次，女婿上岳父家吃飯，進餐時，翁婿兩人聊起了一條高速公路的修建問題。女婿強調，公路的進度一再推遲，是有關方面的錯誤；而岳父則不同意，認為公路本來就不該興建。兩人你一言我一語，爭論漸趨激烈。

後來那位岳父大人把問題扯到了「年輕人自私心重，沒有環保意識」上，很顯然是在批評女婿。

女婿怕再爭論下去會傷和氣，便開始緩和下來，婉轉地說：「可能我們的看法永遠也不會一致，可是，那沒有什麼。也許我們都是對的，也許我們都是錯的，這也是未可知的事。」

這位女婿的一席話，不僅給自己搭了臺階，也給對方打了圓場，避免了一場無謂的爭鬥。試想，這位女婿如果意氣用事地與岳父繼續爭論下去，結果會如何呢？

當一個人不願承認自己錯了的時候，完全是情緒作用，跟事情本身已經沒有關係了。當你自己做錯事時，也許會對自己承認；如果對方處理得很巧妙而且和善可親，你也會對別人承認，甚至爲自己的坦白直率而感到自豪。既然你自己也是這種習性，爲什麼就不能理解別人也具有同樣的習性呢？因此，不要把所謂的「正確」硬塞給他。

有一位汽車代理商，在處理顧客的抱怨時總是很冷漠，決不肯承認是自己這方面的錯誤，總想證明問題的根源在於顧客。結果，他每天陷於爭吵和官司糾紛中，心情一天比一天壞，生意也大不如以前。

後來，他改變了處理客戶抱怨的辦法。當顧客投訴時，他首先說：「我們確實犯了不少錯誤，真是不好意思。關於你的車子，我們有什麼做得不合理的地方，請你告訴我。」這個辦法很快使顧客解除武裝，由情緒對抗變成理智協商，事情也得以輕鬆地解決。就這樣，這位代理商能輕鬆地處理每一件事，生意也越來越好。

當我們說對方錯了的時候，他的反應常讓我們頭疼；而當我們承認自己也許錯了時，就絕不會有這樣的麻煩。這樣做，不但會避免所有的爭執，而且可以使對方變得跟你一樣寬宏大度，承認他也可能弄錯。

無論是做事還是做人，都不能由著自己的性子來。如果有人因你的一些誇張行爲而誇你是什麼「性情中人」，那你就要小心了，那是在變相地譴責你無知、幼稚。

的確，人皆有七情六欲，遇到外界的不良刺激時難免會情緒激動，這是人的本能的生理和心理反應。但這種激動的情緒不可放縱，因爲它可能使你喪失冷靜和理智，不計後果地行事。

9 控制賣弄心，小聰明最要不得

勢不可使盡，福不可享盡，便宜不可占盡，聰明不可用盡。

——海濤法師

《菜根譚》中有這樣一段話：「利欲未盡害心，意見乃害心之蟊賊；聲色未必障道，聰明乃障道之藩屏。」意思是說，名利和欲望未必都會傷害自己的本性，剛愎自用、自以爲是的偏見才是殘害心靈的毒蟲；淫樂美色未必會妨礙人對真理的探求，自作聰明才是修悟道德的最大障礙。在現實中，許多人正是因爲急於表現才智，才導致四處碰壁、舉步維艱。

世間往往有這樣一種奇怪的現象——越是有本事的人，往往越低調，看上去就像什麼都不會；而那些經常顯擺自己無所不能的人，到了關鍵時刻就會腿軟，什麼都做不好。

《道德經》中說的「大智若愚，大巧若拙」，聽起來好像是讓人裝笨裝糊塗，其實不然，其中有著很深刻的爲人處世的道理——隱藏自己的聰明，不做挨打的出頭鳥。炫耀自己的人，從來都是優點打折，缺點卻暴露無遺。這個道理看看孔雀開屏就全明白了——孔雀開屏，在炫耀自己絢爛羽毛的同時，也露出了最醜陋的屁股。如果你炫耀自己的聰明，你最愚蠢的一面也會呈現在眾人面前。事情就是這樣奇妙。

你的態度可以創造一種美麗，也可以毀掉一種美麗。聰明是可以創造和修煉的，而自作聰明也可以變得像糞土一樣廉價和令人生厭。

有家公司老闆，帶著三個得力部下去打高爾夫。前兩個部下先打，都表現得十分差勁，第一位只把球打出了二十米，第二位甚至把球打到了水塘裡。

老闆拿起杆問第三位部下：「你能把球打到八十米對面的那座斜坡上嗎？」

這位部下毫不猶豫地回答：「當然能！」說罷啪地一杆，球飛出了一道優美的弧線，足足有一百米遠，完成得十分出色。他得意洋洋地望著老闆，可看到的卻是老闆的一張苦瓜臉。

第三位部下根本不理解老闆的弦外之音。這種場合，本來是老闆滿足自己的虛榮心、展示領導權威的地方，他卻賣弄聰明，還以為能在老闆面前討個頭彩，留下好印象，為今後在公司的發展增加籌碼。與其說這是聰明有才，倒不如說他蠢笨如牛。在這種場合，他越賣力表現，自己在公司的前途就會越不利。

在現實生活中，自作聰明的人到處都是，但成功的卻沒有幾個。他們炫耀自己的才華和聰明，結果卻只落了個顆粒無收的下場，可以說腹內學富五車，但口袋裡卻空空如也。

這是否是上天給予世人的一種警告？

說到這裡，你還敢輕視這樣的處世法則嗎？完全不是聳人聽聞，這樣的處世法則決定著一個人的命運。一個深諳其中密碼的人，往往能夠在不知不覺間獲得成功；而不明白其中真相的人，則會一敗塗地而又不得要領，直到臨死的那一天還處於懵懂狀態，不知道自己的問題出在哪裡。

千萬不要做這樣的無知者！從今天開始，讓自己真正低調起來，從內心裡謙遜起來，而不是假裝的樣子。要知道，假裝的低調沒用，因爲它是一種更加炫耀的姿態。你需要做到真正的不張揚，真正的謙卑和努力。如果你能夠做到這一點，你就能夠慢慢變成一個最明智的人，一個有能力改變自己命運的人。

但是，不張揚並非讓你不作爲，內斂也不是讓你將自己鎖進大箱子，而是等待最佳時機，然後一鳴驚人。況且，如果沒有前期大智若愚的鋪墊，你就不會達到一鳴驚人的效果。整天忙著表現自己的人，永遠也不會驚人。聰明在關鍵時刻表現出來，才會有爆發力，才能引起眾人足夠的關注，留下深刻的印象。

不管是爲人處世，還是在工作中，這個道理都是適用的。「立名者，所以爲貪」，到處宣揚、生怕別人不知道自己的人，肚子裡裝的其實全是草；到處賣弄小聰明，顯得自己智商很高的人，往往就是我們正在「尋找」的那個超級大笨蛋。碰到這些眉頭上刻著「我很聰明」的蠢材，要趕緊離他遠點！

10 放下傲慢心

遠離嗔恨損害得安樂，拋棄傲慢嫉妒得安樂。平等安住萬法亦安樂，以心觀心即得此安樂。無別智慧法界中安樂，自然而然本性之安樂。此樂於我樂樂有許多，無所希盼世間之歡樂！

——米拉日巴大師

人們從來不會缺少驕傲的理由，一件新衣服，一個新髮型，都能引起他們的驕傲之情。

曾經有一個學者，學富五車，精通各種知識，所以自認為無人可比，很是驕傲。他聽說有個禪師才學淵博，非常厲害，很多人在他面前都稱讚那個禪師，所以很不服氣，打算找禪師一較高下。

學者到禪師的寺院，要求面見禪師，並對禪師說：「我是來求教的。」

禪師打量了學者片刻，將他請進自己的禪堂，然後親自為學者倒茶。學者眼看著茶杯已經滿了，但禪師還在不停地倒水，水滿出來，流得到處都是。

「禪師，茶杯已經滿了。」

「是啊，是滿了。」禪師放下茶壺說，「就是因為它滿了，所以才什麼都倒不進去。你的心就是這樣，它已經被驕傲、自滿占滿了，你向我求教怎麼能聽得進去呢？」

這件事情傳出後，頓時成為一段佳話。

十九世紀的法國名畫家貝羅尼到瑞士去度假，但他並不是單純地四處遊玩，而是每天背著畫架到瑞士各地去寫生。

有一天，貝羅尼正在日內瓦湖邊用心畫畫，這時，來了三位英國女遊客。她們站在他身邊看他畫畫，還在一旁指手畫腳地批評，一個說這兒不好，一個說那兒不對。貝羅尼沒有反駁，都一一修改了過來，末了還跟她們說了聲「謝謝」。

第二天，貝羅尼有事到另一個地方去，在車站又遇到了昨天那三位遊客，她們此時正交頭接耳，不知在討論些什麼。

那三位英國女遊客看到他，便朝他走過來，向他打聽：「先生，我們聽說大畫家貝羅尼正在這兒度假，所以特地來拜訪他。請問你知不知道他現在在什麼地方？」

貝羅尼朝她們微微彎腰致意，回答說：「不好意思，我就是貝羅尼。」

三位遊客大吃一驚，又想起昨天不禮貌的行為，都不好意思地跑掉了。

這個故事告訴我們一個道理：有成績不能驕傲，做人也不能驕傲。我們常常批評別人太過驕傲，卻看不到自己同樣的品性。其實，如果你自己沒有驕傲之心，就不會覺得別人的驕傲是種冒犯。

第四章

修佈施心，別讓欲望害了你

佛經上說，世間所有的金錢都不是我們的，
而是水、火、官府、盜賊、敗家子五家共有。
這並不是一概排斥財富，
而是教導人們應該厭惡和蔑視對個人財富的過分貪求，
以不正當手段聚斂財富，以及不懂得支配財富，
因為這幾點都能夠輕鬆毀掉一個人。

1 擁有，是富者；用有，才是智者

積財雖千億，貪著心不舍，智者說此人，在世恒貧苦。

——《寶積經》

《寶積經》中說：「積財雖千億，貪著心不舍，智者說此人，在世恒貧苦。」意思是說，有的人雖然積累了許多錢財，卻一直處於貪著的狀態，智者說這種人恒時處於貧窮中。此經中緊接著說：「彼雖無一物，安住舍離心，智者說斯人，世間最富貴。」意思是說，有些人雖然沒有任何財產，但內心很知足，經常處於清淨的舍心中，智者說這種人是最富貴的人。

有一句名言叫：「財富不屬於擁有者，而屬於享有者。」擁有了物質並不代表就會快樂。有時，我們得到某一樣物質的同時，也可能失去我們最寶貴的東西，比如時間、健康。金錢的價值不在於多少，而在於哪些錢花到了正確的地方，讓我們感到愉悅和滿足。

有一個人存了許多的黃金磚塊，藏在家裡的地底下，一藏就藏了三十多年。

這三十年中，他雖然沒去用過，但只要偶爾去看一看，心裡就十分歡喜。

有一天，這些金磚給人偷去了，他傷心得死去活來。

旁邊有人問他說：「你這些金磚藏在那邊幾十年了，你有沒有用過它？」

他難過地說：「沒有。」

那個人就說：「你既然沒有用過，那不要緊，我去拿幾塊磚頭，用紙包起來，藏在同一個地方，你可以常常去看，把它當作金磚藏在那裡，這不是一樣可以歡喜嗎？何必這麼傷心呢？」

佛經上說，世間所有的金錢都不是我們的，而是水、火、官府、盜賊、敗家子五家共有。這並不是一概排斥財富，而是教導人們應該厭惡和蔑視對個人財富的過分貪求，以不正當手段聚斂財富，以及不懂得支配財富，因爲這幾點都能夠輕鬆毀掉一個人。

所謂「水能覆舟，也能載舟」，財富同樣如此。財富本身並無所謂善惡之分，它的好壞取決於其實際用途。爲富不仁者以它來作惡，慈悲眾生者以它來行善；看不開的人做了金錢的奴隸，看得開的人將金錢用得恰當自如。

如果做了金錢的奴隸，金錢就真的成了萬惡之源，還不如不擁有。有些人，不管擁有多少金錢，總覺得不夠，這就過於貪婪了。貪婪會導致人的斂財行爲越來越嚴重，甚至可以爲了錢不擇手段，如此，難免會被金錢所支配，讓財富蒙蔽雙眼，最後滑向深淵。

此外，很多人有了錢之後就開始變得「守財」，彷佛自己的每一分錢都來之艱難，只給自己享用，從不讓別人染指，無論是接濟幫助，還是朋友借錢，一概不留情面地拒絕，人變得越來越吝嗇。貪婪加上吝嗇，這樣的人必定會成為金錢的奴隸，被錢「牽著鼻子走」，久而久之，就會越來越痛苦，還不如不要擁有如此多的財富。

佛家所謂「擁有」，有是有限，有量；所謂「空無」，無是無窮，無盡。如能以「用有」的胸懷來應真理，以「用有」的財富順應人間，讓因緣有、共同有取代私有的狹隘，讓惜福有、感恩有消除佔有的偏執，就能做到「擁有，是富者；用有，才是智者」。富而加智，豈不善矣？

想把生活過得輕鬆、智慧，就要學會把金錢看淡，一不「只向錢看」，二不「談錢色變」，把錢當成世界萬物中的普通一員，不為它憂愁焦慮，更不為它「做牛做馬」。

2 敬守本心，莫讓虛榮所害

虛榮是一種表演，觀眾可能是別人，也可能是自己。虛榮的人因為遠離了真實的自己，而不能夠真實地活著，因而也總是把真正的喜悅拒之門外。

——靈泉宗一禪師

美好幸福的生活是靠腳踏實地的勤勞獲取的。以投機取巧牟取暴利，只圖一時之快，最終必會時時活在心不安、理不得的「半夜生怕鬼敲門」的惡夢之中。

戰國時期，某一天，齊國國王派人給孟子送來了一個箱子。孟子打開箱子一看，裡面裝的竟然全是金子。見此，孟子立刻叫住來人，堅持不收，並讓他們抬走了這箱金子。

第二天，薛國國王又派人送來五十鎰金，這回孟子欣然接受了。

孟子的弟子陳臻把這一切都看在眼裡，覺得非常奇怪，忍不住問道：「為什麼你昨天不接受齊國的金子，今天卻接受薛國的金子呢？如果說你今天的做法是對的，那你昨天的做法就是錯的；如果今天的做法是錯的，那昨天的做法就是對的。可到底哪個是正確的呢？」

「我自然有我的道理。薛國周邊曾經發生過戰爭，薛國國王請求我為他的設防之事出謀劃策，今天他送來的這些金子是我應該得到的；至於齊國，我從來沒有為他做過什麼事情，這一箱贈金到底有何含義，我不清楚，但有一點是可以肯定的，那就是齊國想收買我。可是，你何曾見過真正的君子有被收買的？」孟子解釋說。

陳臻似有所悟：「原來辭而不受或者接受，都是根據道義來決定的啊！」

賺錢是爲了什麼？也許很多人都認爲這是一個「傻瓜式」的問題，賺錢不就是爲了讓自己的生活過得更好一些、更快樂一些、更幸福一些嗎？可是，不知道那些整天爲了錢而奔波的人想過沒有，當你忙著淘金的時候，是不是還記得自己最初的願望？你真的得到快樂了嗎？你真的感到幸福了嗎？在金錢面前，你是否連最後的一絲自尊與道德也變得不堪一擊呢？

追求金錢沒有錯，正是因爲這種欲望，人們才會努力奮鬥，創造財富。但錯的是，很多人在財富面前迷失了心志，他們不顧一切地去「掠取」財富，甚至不講仁義道德，大發不義之財，在欲望的漩渦中打拚、彷徨、掙扎，難捨難棄，無法自拔，終日爲錢所累，也泯滅了自己的本性。最後，雖然金錢越來越多，卻無法滿足他們的「野心」，欲望反而變得越來越強烈。

貪欲是人類的眾惡之本。一旦產生貪婪之心，後果將會不堪設想。一個國王若是過於貪婪，那麼他作為國君的日子就所剩無幾了；一個官員若是過於貪婪，他的政治前途也不會紅太久；一個商人若是過於貪婪，很可能會讓自己葬身於「錢」海之中。一個品格高尚的人，會更加注重自身修養，而不是那些充滿銅臭氣息的身外之物。

無論是君子也好，凡夫俗子也罷，取財之道都必定是遵紀守法、符合做人的原則和品行，任何存在僥倖冒險心理的行為必將付出沉重的代價。只有通過自己誠實勞動得到的錢財，才能用得坦然。

3 貧與富只在一念間

東家一老婆，富來三五年。昔日貧於我，今笑我無錢。
渠笑我在後，我笑渠在前。相笑儻不止，東邊復西邊。
——寒山禪師

佛教對於貧富的看法很簡單，認為貧與富其實只在一念之間，「一念可以讓你窮，一念可以讓你富」。

一個年輕人覺得自己很貧窮，一位富翁便對他說：「我給你一百萬買你的手，你願意嗎？」年輕人搖搖頭。

富翁又說：「我給你一千萬買你的眼睛，你願意嗎？」年輕人再次搖頭。

富翁笑道：「年輕人，如此看來，你非常富有啊。」

莊子一生窮困潦倒，楚王曾經聘他做相，他拒絕得很乾脆。因為他看盡了物質享受的虛空，決心做心靈的神仙。他身無分文，卻知魚水之樂，「天地與我共生，萬物與我爲一」。他安時處順，逍遙自得，順應世俗，隨遇而安。他對待知識和道理十分渴望，因爲那是他的精神食糧。他說：「吾生也有涯，而知也無涯。」物質上莊子一無所有，但他精神的財富卻流傳千年，生生不息。這樣的一代貧者，又何嘗不是最富有的人？

寒山禪師曾作偈《東家一老婆》來指導人們應該如何看待貧富。

東家一老婆，富來三五年。昔日貧於我，今笑我無錢。
渠笑我在後，我笑渠在前。相笑儻不止，東邊復西邊。

寒山禪師這首詩偈寓意很深，以生活中常見的社會現象提出了令人深思的嚴肅問題。過去被我看不起的窮者，富了之後反笑我寒酸。我笑他在前，他笑我在後，笑與被笑的位置不斷變換，必將陷入無窮的悲與喜的輪迴之中。

只要做到既不因貧賤羨人，也不以富貴驕人，超脫於世俗的禍福之外，唯求自心清靜、律己自重，就不會陷入「東邊復西邊」的無盡煩惱之中。

4滿足你的「需要」而不是「欲望」

欲望，是想要得到某種東西或想要達到某種目的的要求；需要，是此時此刻，是當下，是人的自然需求。

——惟覺法師

什麼是「欲望」？什麼是「需要」？現今的人們總是分不清楚這兩者的差異，將「欲望」當成「需要」，結果使我們自身陷於苦惱之中。

欲望，是想要得到某種東西或想要達到某種目的的要求；需要，是此時此刻，是當下，是人的自然需求。

「需要」是我們本能的反應，是此時此刻的反應。正如此刻你餓了，你就需要吃飯；此時你口渴，你就需要喝水；此時你睏倦了，你就需要休息……「需要」是很單純的感受，也是最本質的反映。如果你不能及時地滿足你的需要，你的身體就會提出「抗議」。饑不飲食、渴不飲水，生命的能量就會透支；睏倦時不睡覺，精神就會崩潰。

有個人問慧海禪師：「禪師，你可有什麼與眾不同的地方？」

慧海答道：「有。」

「是什麼呢？」

慧海答道：「我感覺餓的時候就吃飯，感覺疲倦的時候就睡覺。」

「這算什麼與眾不同的地方，每個人都是這樣，有什麼區別嗎？」

慧海答道：「當然是不一樣的！」

「為什麼不一樣呢？」

慧海答道：「他們吃飯時總是想著別的事情，不專心吃飯；他們睡覺時也總是做夢，睡不安穩。而我吃飯就是吃飯，什麼也不想；我睡覺的時候從來不做夢，所以睡得安穩。這就是我與眾不同的地方。」

欲望是虛妄，是未來；需要才是真實，是當下。欲望是複雜的，而需要是簡單的。人本能的滿足和需要勝過一切。而欲望不同，它就好比天邊的地平線，看似不遠，可是當你用盡全力向它奔去，卻永遠也無法到達。正如夸父追日，那是遙不可及的美妙幻想，耗盡生命去追逐，卻永遠也追不到。

人的欲望是無法真正達到的，它就像懸掛在驢子面前的蘿蔔，看得到卻搆不著；欲望又是無窮無盡的，即使你剛剛滿足了一個欲望，新的欲望又會迅速升起，誘惑你去追逐。人一旦落入了欲望的漩渦，便只能苦苦掙扎，循環往復，不得解脫。

有一天，幾位學生慫恿蘇格拉底去熱鬧的集市逛一逛。他們七嘴八舌地說：「集市裡的東西可多了，有很多好聽的、好看的和好玩的，有數不清的新鮮玩意兒，衣、食、住、行各方面的東西應有盡有。您如果去了，一定會滿載而歸！」他想了想，同意了學生的建議，決定去看一看。

第二天，蘇格拉底一進課堂，學生們立刻圍了上來，熱情地請他講一講集市之行的收獲。他看著大家，停頓了一下說：「此行我的確有一個很大的收獲，就是發現這個世界上原來有那麼多我並不需要的東西。」

隨後，蘇格拉底說了這樣的話：「當我們為奢侈的生活而疲於奔波的時候，幸福的生活已經離我們越來越遠。幸福的生活其實很簡單，就是必需的物品一個也不少，沒用的物品一個也不多。做人要知足，做事要知不足，做學問要不知足。」

曾經有人問孟子：「如果再給你一次生命，你要怎麼活？」孟子回答說：「我一定會多注意我的需要，少去關注我的欲望。」

需要是觸手可及的幸福，千萬不要再「這山望著那山高」，何況山外還有高山在。與其遙望遠山，空自嗟歎，不如俯身賞花，自得其樂。

5 幫助別人，自己更富有

一個好人，一生當中最耀眼的，是他那充滿仁慈的行動，雖然微不足道，默默無聞，也沒有人會記住。一切天性仁慈的人，總是熱心地做些不求報償的善事。

——慈航法師

古人云：「得道多助，失道寡助。」樂於助人，凡事積極幫忙就是一種「得道」。贏得了別人的好感和信賴，等到你需要幫助的時候，自然就會有無數人來幫助你。擁有如此好的人緣難道不是一種真正的富有嗎？況且，金錢總有用盡的時候，而我們與他人的友誼卻會越來越深厚，永遠也不會消散。

據《佛祖歷代通載》等書記載，在唐末五代，有個布袋和尚，他從小父母雙亡，隨後入寺為僧，在寺廟裡燒水煮飯，打掃廟院，做些雜活。他生性勤儉，且樂於助人。平時，他珍惜每粒糧食，燒火做飯時見稻草、豆杆兒遺留一粒兩粒稻穀、豆子，便揀起來。天長日久，竟積攢了二三十籮筐穀豆雜糧。及至有一年大旱欠收，他將多年積攢的糧食熬成粥，做成飯，施捨給饑民。後來，每年正月初一，他就背著糧袋，把布袋裡的好東西不斷地施捨給窮苦百姓。

時年混亂，看見百姓們受苦，他總是長歎一聲，然後拿著手杖，杖上挑著布袋，入市四處化緣，見物即討，討回再積攢到一起，施捨給災民，所以百姓都叫他「布袋和尚」。

布袋和尚一直行走化緣，每遇不平之事都要插手相助，當地的百姓都把他看成是普度眾生的活菩薩，因為他走到哪裡就能把好事情帶到哪裡，他出現在何處，何處就能夠得到他的幫助。

有百姓感念他的恩德，四處頌揚他的事蹟，時間久了，就變成了傳說：當百姓需要時，布袋和尚就會傾袋而倒，周濟貧病交困的平民。餓了，布袋裡有粥；冷了，布袋裡有衣衫；病了，布袋裡有妙藥。這樣的傳頌一直流傳了下來。

積極幫助別人而獲得的價值遠非金錢所能衡量，佛家講「行善積德」就是這個意思。《老子》中說過：「既以爲人己愈有，既以予人己愈多。」意思是幫助別人，自己會更富有。

春秋時期的范蠡是有名的富商，很多人把他當成「財神爺」。他總會散財於民，換個地方從頭開始，史書上有他「三聚財，三散財」的記錄。他懂得獲得財富的方法：把財富變爲百姓的感恩心，就能擁有無盡的財富之源。

也許你並不是非常有錢，但你依舊可以做到非常富有，只要懂得多幫助別人，多伸出援手，幫助的人多了，你自然就會富有起來。

佛說：一個人既使沒有錢也可以給予別人七樣東西：一是顏施，你可以用微笑與別人相處；二是言施，要對別人多說溫柔、安慰、謙讓、稱讚和鼓勵的話；三是心施，敞開心扉，誠懇待人；四是眼施，以善意的眼光去看別人；五是身施，以行動去幫助別人；六是座施，乘船坐車時將自己的座位讓給別人；七是房施，把自己空閒的房子提供給別人休息。無論是誰，只要有了這七種習慣，好運就會如影隨形。

只要你願意，你現在就有無限的財富可以佈施。

6 自私是世界上最大的貧窮

一切痛苦的根源是自私自利，我執我愛。

——薩德法師

「私心」誰都會有，一個人私心過重，就會變得自私自利。自私自利的人，一心只爲個人利益打算，常常會犧牲他人的利益來滿足自己的私欲，最終害人害己。

有一天，驢子和狗一同隨主人外出。驢子表面機靈，實際上腦袋空空，不想事情。半路上，主人睡著了，驢子就趁機大啃青草，吃得非常愜意。

狗看見了，也感到腹中饑餓，就請求驢子趴下身子，好讓牠吃驢子背上籃子裡的食品。但驢子怕浪費了這大好時光，只顧埋頭吃草，對狗的要求裝聾作啞。

過了好一陣子，驢子才對狗說：「朋友，我還是勸你等等看，待主人睡醒後會給你一份應得的飯，他不會睡得太久的。」

就在這時，一隻餓極了的狼慢慢靠近，驢子害怕極了，馬上叫狗來驅趕，但狗卻不願動，還回敬牠說：「朋友，我勸你還是快逃吧，等主人醒了再跑回來。」

就在狗說這些風涼話的時候，狼已經把驢子咬死了。

自私自利都源於人的欲望，全因貪婪所致。在物欲橫流的今天，有許多人貪圖享受，過分追求物質生活而不擇手段，搶劫、偷盜、綁架勒索、殺人越貨，無所不為，種種罪惡和醜陋現象層出不窮。貪婪能使人忘記和忽略一切，哪怕是人格、尊嚴乃至生命！

就如好多為官者，當身居高位時，被名利引誘，最初信誓旦旦的「權為民所用，要替人民的切身利益打算，做個親民愛民的好官」的理念都被拋得空空，為了中飽私囊，大肆貪汙受賄，成為國家的蛀蟲。

我國學者薩克雷先生在《名利場》中這樣形容自私自利的危害：「在一切使人格墮落的不道德的行為之中，自私是最可恨的、最可恥的。」自私使人粗俗，使人卑鄙，使人缺乏同情心，使人充滿物欲，使人道德低下；自私自利者，會為了一己之私，去損害他人或集體的利益。

佛家認為：「現在社會當中，很多人喜歡占別人便宜，欺騙別人。但你可以騙別人一次兩次，卻騙不了第三次。當你占人便宜時，其實是在刀口舐蜜，雖然確實嘗到了甜頭，卻也割到了自己的舌頭。所以，世間人心無遠慮，只順著自己的欲望去貪求，反而會害了自己。」

7保持不求回報的清淨心

在生活與工作中，多做一些有功德的好事，多播種善因，在藏識裡多儲存一些好的記憶，讓正面的、積極的、可成功發芽、能開花結果的種子深埋在你的內心深處。

——南懷瑾

你總是期待別人爲你做些什麼嗎？或者，經常質疑自己付出那麼多，爲何卻沒有人願意爲你付出嗎？

很多人以爲自己付出了許多，別人理應也爲自己付出，只是就算別人給了回饋，卻還是達不到他們所預期的，於是，從他們嘴裡聽見的總還是那一句：「人心現實。」

真的是人心現實，還是我們貪圖太多？仔細想想，別人又應當爲我們做些什麼呢？

有一個人向星雲大師抱怨說：「為什麼我這樣對人，人們卻這麼對我？」他抱怨了整個下午，讓人感覺他好像背負了天大的委屈，事實上並非如此。

他說：「那天他跟我說需要幫忙，我放下了妻子孩子去幫他。哪裡知道，前些日子我希望他幫我，他卻說老婆有事情要他去做，拒絕了我。你說氣不氣人？」

他說：「你知道嗎？我努力打拚，就是希望公司能好起來，一切考慮都是為了公司，公司好了，大家都好，但是他們連一點小犧牲都捨不得。你說，這樣對不對？」

「唉，為什麼我付出那麼多，卻沒有人願意為我付出？」他萬分感慨地說。

「付出，不要追問收獲。」星雲大師說。

星雲大師認爲：「其他的事我們無法給予任何評論，畢竟我們不瞭解他的朋友當時的情況，何況老婆與朋友什麼才是好選擇，聰明如你，我們都有各自堅持的選擇。這沒有標準的答案，一切只是個人核心價值的取捨不同而已，沒有什麼對或不對的問題。」

人與人的交往互動要少一點計較心態，把心中的框去除，不要把別人的心也框進你的心室裡。別忘了，這兩顆心有著不同的血液細胞，是絕對獨立的個體，很難有真正的融合，若是太勉強，一旦發生排斥現象，就會發生不可收拾的意外——例如好朋友最終老死不相往來。

有位熱心助人的朋友曾說：「每當別人說：『真不好意思，麻煩你了，如果你以後需要幫忙的話，我一定義不容辭。』這反而讓我更不好意思。其實，能付出代表我有能力，有餘裕，一切都是充足的，開心還來不及，哪裡還會想著麻煩？開心，就是他們給我的最好收獲。」

人和人之間只有互相付出，才能看見一段段美麗的交往故事。不要去想收穫的事，只想著體貼人心就好，能將心比心更好。所以，星雲大師說：「利他，是不求果報與回饋的清淨心。」

南懷瑾也認爲：「普通人做好事並不清淨，無論如何都有夾帶的心理，幫助了別人，心裡總有一點得意、自喜，雖說不希望回報，但心裡還是覺得自己幫助了他，理應得到報答。在菩薩道來說，這已經犯了戒，免不了貢高我慢，不是清淨妙行。以菩薩道來看普通人行善，那是在造業，造什麼業？造他生來世福報之業，這福報之業也讓你不得解脫，也很可怕。」

所以，不要總把佈施出的人情掛在嘴上，那樣會顯得你小氣。做足了人情，給夠了面子，你就可以坐享其成了。但千萬不要誇大其詞，最好不誇功，甚至可以不認帳。你不認帳，並不等於朋友不清楚。你記著我的好處，我記著你的好處，將來怎麼辦你我心裡有數。張揚除了讓別人稱讚一句「這個人很能幹」，只能給你帶來一些不利。首先，這得罪了請你辦事的朋友，他會覺得你是在眾人面前貶低他；其次，你會讓聽的朋友討厭，他們也會想：這朋友怎麼這樣，以後我可不求他，說不定將來也會說出去。

所以，請管好自己的嘴巴，事情已經過去了，該怎麼做還怎麼做，總有一天，真正的朋友會好好回報你。如果對方無意回報，即使你每天對他說一百遍，也無濟於事。

8 學會合理支配自己的錢財

無端地浪費財富，也是在無謂地消耗自己的福報。

——星雲大師

如果說財富的多少顯示了一個人是否富有，那麼如何支配自己的財富則能反映出這個人是否真正富有。

有一種人被稱作吝嗇鬼，他們珍視金錢超過生命。即使擁有再多，依然捨不得用財富去幫助他人，不但捨不得給家人使用，更捨不得造福社會，甚至捨不得給自己享用。這在很多文學作品中都有精彩的描述，如巴爾札克塑造的老葛朗台以及《儒林外史》中的嚴監生，直到生死關頭，念念不忘的依然是自己一生守護的錢財。

對於這樣的人來說，即使賺再多的錢，又有什麼意義呢？他們只是守護財富的奴隸而已，當他們撒手歸西之時，這些錢不能給他們帶來任何利益。所以說，「身死留財，智者不爲」。這種以積攢錢財、守護錢財爲樂的生活方式是非常愚昧的。當錢財不能發揮應有的作用時，不過是些毫無意義的紙片和金屬。

還有一種人對財富揮霍無度，他們將人生當作一場及時行樂的遊戲，覺得財富只有自己吃掉、花掉才真正屬於自己，只顧自己拚命享用，卻不願爲他人付出分毫。這樣的行爲同樣爲社會所不齒，因爲他們只是在無端地浪費財富，也是在無謂地消耗自己的福報。

懂得合理支配財富的人對金錢不會吝嗇，也不會揮霍，更不會像一些人，用金錢做表面功夫，覺得高檔就是價值的尺度，名牌就是身分的體現。人的基本生存所需無多，我們需要飲食維持生命，可是能吃多少？我們需要衣服抵禦寒冷，可又能穿多少？但我們爲什麼在衣食無憂之後還不能滿足？因爲很多需要已不再是爲了生存，而是爲了滿足社會使我們產生的需要。我們吃飯，有時是爲了吃給別人看，有時又是爲了應酬需要而吃；穿衣也是同樣，有時是爲了炫耀，有時是爲了工作交際而穿。所以，現代人的衣食住行，已經演變爲用來攀比的道具。

如果你擁有財富而無理財之道，那麼，十分的財富也許只能發揮出一分的作用，甚至使自己爲其所累。如何合理地支配自己的財富呢？

一般來說，應把財富分作四份：第一份用於保障家庭的日常開支；第二份用於投資增值，否則財富就會成爲無源之水、無本之木，總有枯竭的一天；第三份用於儲蓄，以備不時之需；第四份用於慈善事業，一方面回饋社會大眾，另一方面爲自己耕耘福田。其實，這也是一種投資，是對於未來幸福的投資，而我們能從中收穫的，絕不是有限的財富所能比擬的。

世界首富比爾・蓋茨在成功之後跟他的妻子一起創建了世界上最大的慈善基金會——

比爾及梅林達・蓋茨基金會，興辦各種公益事業，讓千千萬萬需要幫助的人受益。他們表示，在他們業已擁有的四百六十六億美元（這個數字還在不斷增加）財產中，只有區區幾十萬美元會留給他們的獨生子作爲生活所需，其他將全部捐獻給慈善事業。比爾・蓋茨是先立財然後立功立德的典範。

創造財富是第一次建立功德，爲造富人間而成功地支配財富是第二次建立功德。

有些人急功近利到盲目的地步，不惜孤注一擲，將所有家產用來做風險投資。他們不僅希望財富來得多一點兒，再多一點兒，更希望財富來得快一點兒，再快一點兒。而在這樣一夜致富的渴望中，人們很容易喪失正確的判斷能力，或是投資失策，或是受騙上當，最後落得傾家蕩產的悲慘結局。

如果社會上的每個人都能做到「有力者疾以助人，有財者勉以分人」，人間定會充滿溫暖，許多社會問題也會迎刃而解。哲學家西塞羅曾經說過：「追求財富的增長，不是爲了滿足一己的貪欲，而是爲了得到一種行善的工具。」只有將財富當作「行善的工具」去追求，才能使財富發揮出更大的作用。

一味享用財富，福報總會有耗盡的一天，到時自不會再屬於我們所有；一味地積蓄財富，也未必就能屬於我們所有，因爲貨幣可能會貶值，股票可能會下跌，銀行可能會倒閉，即使將財產緊緊地鎖在保險櫃中，又能有幾分保險係數？

學會合理地支配自己的錢財，才能讓財富真正地爲我們所有。就像播下的種子，哪怕只有一粒之微，也會爲我們帶來百倍、千倍甚至千萬倍的收穫。

第五章

勿忘初心，始得善終

若改變，態度跟著改變；態度改變，習慣跟著改變；
習慣改變，性格跟著改變；性格改變，人生跟著改變。
佛認為，一切皆由「心」起。心念對了，人生就對了。
當擁有更多時，請別忘記最初那顆簡單純潔的心，
幸福就是堅守這顆善良的心。

1 保護好你的懺悔心

懺悔就是一種勇氣，只有把自己毫不留情地層層剝開，坦坦蕩蕩地把胸襟敞開時，才能算得上是一個真正的人。

——至賢大師

古語曰：「人非聖賢，孰能無過？」事實上，非但是常人，即聖賢亦不能無過。堯薦舉了舜，而舜曾殺堯之子丹朱。至聖至賢如孔子者，亦有「子見南子」的緋聞。不同的是，聖賢比常人更善改過遷善，所以他們才顯得比常人偉大而英明。

妙高禪師是浙江奉化雪竇寺的開山祖師，他在修行的時候非常用功，常常廢寢忘食，然而人的體力終是有限，妙高禪師在打坐的時候時常打瞌睡。為了警惕自己別再瞌睡，妙高禪師來到臨山崖的一邊去打坐，這樣如果他再瞌睡的話就會一頭栽下去，甚至失去性命。

有一天，妙高禪師實在忍不住，又開始打瞌睡，結果果然摔下了懸崖。妙高禪師以為自己這一次一定會沒命，可是沒想到，當他落到半山腰的時候，忽然感覺有人托起他的身體，把他往崖上面送。

妙高禪師驚訝地問：「是誰救我？」

「護法韋馱！」那人在空中回答。

妙高禪師心裡就想：沒想到我在這裡修行，還有人為我護法，真不錯！於是他又趾高氣揚地問：「世間還有幾個像我這樣精進修行的人呢？」

韋馱答道：「有恆河之沙數那樣多的人像你這樣修行。因你有這一念傲慢之心，從現在起，我將二十世不再護你的法！」

妙高禪師一聽，頓時慚愧萬分，但很快他就想開了：「我還是在這裡修行我的，也不管他護不護法了。要是修不成，一頭栽下去摔死也算是一種解脫。」

此後，妙高禪師依然坐在懸崖邊上修行。沒過多久，他又開始打瞌睡，並一頭栽了下去。妙高禪師認為這次自己真的會沒命，然而，就在他快落地的時候，又有人托著他把他送了上去。

妙高禪師不解地問：「是誰救我？」

「護法韋馱！」

「你怎麼又來了？不是說二十世不來護我的法？」

韋馱回答說：「因為你那一念慚愧心起，消去了二十世的傲慢心。」

堂堂正正地承認自己的錯誤，表示自己悔改的意向，非但不會因暴露醜惡而使自己失面子，反而會因爲你的坦率、誠實而引起人們對你的敬佩和尊重。應該說，一個人只有具備了改過遷善的能力，他才可以算是一個有自我意識的人，一個在完整意義上精神健全的人。就像一個人的肌體假如是健康而正常的話，也必定會具備吐故納新、自我調節的功能一樣。

一個精神、心理健康的人，必定是一個善於自我調節行爲的人。「聖人是由不憚改過而造出來的」這個觀點，可以說是一個真理。所以，不要怕犯錯誤，也不要爲自己老是後悔而煩惱。

當一個人感覺到有愧於心時，其實他應該是絕對無愧的，因爲他精神上的「自癒組織」正在戰勝「病毒」而取得優勢。怕就怕有些人不肯運用這種調節功能，不肯做自我譴責。古人云，過而不改，是謂「過」矣。改過遷善，是任何人在任何時候都可以而且必須遵守和施行的原則。

2放棄你的報復心

就像家鴿總會回家，報復也總會回到自己的頭上。生活就是這樣，面對別人的傷害，刻意的報復結局往往並不樂觀，最後的結果與其說是報復了自己的敵人，不如說是更深地傷害了自己。

——延參法師

佛家有句很有名的話叫「放下屠刀，立地成佛」，你不原諒傷害你的人，總想著報復，就等於手握屠刀。這種惡念一旦在心中生根，就會不斷地膨脹，最後讓人做出邪惡的行爲。因此，我們一定要學會寬容，避免這種事情的發生。

報復是把雙刃劍，在傷害別人的同時，也會劃傷自己。因此，不要對別人的傷害耿耿於懷，用別人犯下的錯來懲罰自己，使自己痛苦，這實在是太不明智了。

有個青年總是憤世嫉俗，在學習、生活、工作中遭遇了許多誤解和挫折，由於得不到別人的理解，漸漸地養成了以戒備和仇恨的心態看待他人的習慣，總是對別人的小錯誤斤斤計較，仇恨那些不理解自己的人，結果人際關係越來越緊張。在壓抑鬱悶的環境中，他感覺整個世界都在排斥他，因此度日如年，幾乎要崩潰。

有一天出門散心，他登上了一座景色宜人的大山。坐在山上，他無心欣賞優雅的風景，總是想著自己這些年的遭遇，內心的仇恨像開閘的洪水一般奔騰而出，他忍不住大聲對著空蕩幽深的山谷喊：「我恨你們！我恨你們！我恨你們！」

話一出口，山谷裡就傳來了同樣的回音：「我恨你們！我恨你們！我恨你們！」他越聽越不是滋味，於是又提高了喊叫的聲音。他罵得越厲害，回音也越大越長，擾得他更加惱怒。

就在他再次大聲叫罵後，從身後傳來了「我愛你們！我愛你們！我愛你們」的聲音，他扭頭一看，只見不遠處的寺廟裡，一個和尚在對著他喊。

片刻後，和尚微笑著向他走來，笑著說：「這個世界就像一個回音壁，你以什麼樣的心態說話，它就會以什麼樣的語氣回應你。愛出者愛返，福往者福來。為人處世，許多煩惱都是因為對別人斤斤計較，懷恨在心而產生的。你熱愛別人，別人也會給你愛；你去幫助別人，別人也會幫助你。世界是互動的，你給世界幾分愛，世界就會回你幾分愛。愛給人的收穫遠遠大於恨帶來的暫時的滿足。」

聽了和尚的話，青年愉快地下山了。回去後，他以積極、健康、友愛的心態對待身邊的一切。漸漸地，他和同事之間的誤解沒有了，不再有人和他過不去，工作也比以往順利了，他發現自己比以前快樂多了。

生活中沒有永遠的仇人，只要心中的怨恨消失，仇人也能變成朋友。如果我們的仇人瞭解我們對他的怨恨使我們精疲力竭，使我們疲倦而緊張不安，甚至直接威脅到我們的生命時，他們不是會拍手稱快嗎？我們爲什麼要做親者痛、仇者快的事呢？

即使我們不能愛自己的仇人，至少要懂得愛我們自己。我們要使仇人不能控制我們的快樂、健康和人生。就如莎士比亞所說的：「不要由於你的敵人而燃起一把怒火，讓心中的烈焰燒傷自己。」

與人相處，矛盾是不可避免的，如果能用寬容去替代怨恨，你就會發現，這個世界充滿了陽光般的美好氣息。當你覺得難以做到完全寬恕別人的時候，不妨做一個思維訓練，幫助自己消除報復心。

首先，閉上雙眼，想想那個最令你難以寬恕的人；然後問自己：要怎樣才會使你寬恕他？你想把他怎樣？如果非要讓他受苦，你才能原諒他，那麼就想像一下，他現在正在受著各種嚴酷的刑罰，刑罰的殘酷甚至連你都開始對他產生憐憫之心了……這樣，也許你就能放棄報復心，大度地原諒他。

3 看淡你的名利心

一切只知道追逐名利而不知道享受的人，心最苦累。可惜世上仍有大多數人為了各種欲望拚命占去所有清醒時刻，只餘下少許時刻來追尋生命的意義。

——刻嚴大師

弘一法師說：「貪心似乎就是與生俱來的。大多數人活著都在追求物質，貪圖利益，擁有了還想有，得到了還盼望，破的換成新的，新的又換成時尚的，接著又想換成高檔尊貴的，一換再換，一新再新，人心總是不知道滿足，欲望總是會隨著你的所得變得越來越大。有一句話說得好：人最想得到的，永遠是你還沒擁有的。」

有一個僧人，雖然在修行禪道上頗下苦功，但始終不得入門。眼看許多比他晚入門的師兄弟對禪都能有所體會，他便覺得自己實在沒有資格學禪，於是決定做個行腳的苦行僧。僧人打點好行李，臨走前跑到法堂向師父辭行。

僧人稟告道：「老師！我辜負了您的期望。自從皈投在您座下參禪已有十多年了，可是對禪仍是沒有什麼領悟。我想我實在沒有學禪的慧根，今向您辭行，我將雲遊他方。」

師父非常驚訝地問道：「為什麼沒有覺悟就要走呢？難道到別處就可以覺悟嗎？」

僧人誠懇地再稟告道：「我每天除了吃飯、睡覺之外，都盡心於道業上的修行，但卻遲遲不見成效。反觀那些師兄弟們一個個都能有所領悟。在我內心的深處，已經萌發一股倦怠感，我想我還是做個行腳的苦行僧吧！」

師父聽後開示道：「悟，是一種內在本性的流露，是學不來也急不得的。別人是別人的境界，你修你的禪道，這是兩回事，為什麼要混為一談呢？」

僧人道：「老師，您不知道，我跟同參們一比，立刻就有大鵬鳥與小麻雀的慚愧。」

師父裝著不解似地問道：「怎麼樣的大？怎麼樣的小？」

僧人答道：「大鵬鳥一展翅能飛越幾百里，而我只囿於草地上的方圓幾丈而已。」

師父意味深長地問道：「大鵬鳥一展翅能飛幾百里，牠已經飛越生死了嗎？」

僧人聽後默默不語，若有所悟。

爭名奪利本身就是一種痛苦，不僅帶給自己痛苦，也帶給別人痛苦。其實仔細想想，錢財再多，最終你能帶走多少？還不是「空手而來，空手而去」，東西再多自己用的也有限。俗語說得好：家有廣廈萬間，不過六尺小床；縱有黃金萬兩，不過一日三餐。

當然，不爭也並不是讓你不去奮鬥，而是要明白凡事有度，萬事隨緣，適可而止。在現實生活中，名譽和地位常常被看作衡量一個人成功與否的標準，所以追求一定的名聲、地位和榮譽已成爲一種極爲普遍的心態。在很多人心目中，只有有了名譽和權力，才等於實現了自身的價値。其實，人生的目的不在於成名、成家與否，而在於面對現實，去努力而爲之，去盡情享受生命，去細心體驗生活的美好。

人生在世，每個人都想活得更好，人們總是在各種可能的條件下，選擇能爲自己帶來較大幸福或滿足的活法。學會控制欲望，不爲名譽權力所累，懂得知足常樂，方能品出生命的美好，享受到生活的快感。

4別忘記你最初的目的

無妄想時，一心即是佛國；有妄想時，一心即是地獄。眾生造作妄想，以心生心，故常在地獄；菩薩觀察妄想，不以心生心，故常在佛國。

——星雲大師

有四個和尚一起參加禪宗的「不說話修煉」，在四人當中，除了一個小和尚道行較淺外，其他三人都是道行較高的。

在這個「不說話修煉」的過程中必須點燈，這項任務理所當然就由道行最淺的小和尚負責了。修煉開始後，四個和尚圍繞著那盞燈，盤腿打坐，進行修煉。幾個小時過去了，四人都沒有出聲。

然而，油燈中的油越來越少，眼看油燈就快要燃完了，負責管燈的小和尚看到這種情況後，心中十分著急。就在這個時候，突然一陣風吹來，燈火幾乎就要熄滅了。

管燈的小和尚忍不住大叫道：「糟了！火馬上就要熄滅了。」

聽到小和尚的喊叫聲，另一個和尚立刻斥責他說：「你不知道我們在做『不說話修煉』嗎？叫什麼！」

第三個和尚聽到後，又氣憤地罵第二個和尚說：「你不也開口說話了嗎？真是太不像樣了！」

而道行最高的第四個和尚仍然在那裡閉目靜坐。可是沒過多久，他就睜開眼睛，傲慢地看了其他三個和尚一眼，然後自豪地說道：「只有我沒說話。」

三個「得道」的和尚在指責別人「說話」的同時，自己也不知不覺地犯了「說話」的錯誤。就這樣，只是爲了一盞燈，四個參加「不說話修煉」的和尚先後都開口說了話。這說明，一個人一旦被外物所擾，就很容易忘記自己最初的目的。

近兩年來，反腐力度加大，一個個高官紛紛落馬，看看哪一個不是頭腦聰明、歷經百戰、有過出色政績的人才？爲何卻沒能躲過簡單赤裸的美女關、金錢關？歸根結底，是沒能處處抑制住自己的貪心，沒能時時摸摸自己的良心，沒能常常回想最初的忠心。

可見，心若改變，態度就跟著改變；態度改變，習慣就跟著改變；習慣改變，性格就跟著改變；性格改變，人生就跟著改變。所以佛認爲，一切皆由「心」起。心念對了，人生就對了。當你擁有更多時，請別忘記你最初的那顆簡單純潔的心，幸福就是堅守這顆善良的心。

5 好奇心需要被保護

無論是什麼樣的人，都無法令紅塵中充滿好奇心的人停止探索的腳步。

——淨慧禪師

相信很多人都有過這樣的經歷：在面對未知事物時心中略微會有一種不安、自卑，如果此時有人自願、主動幫助你學習、理解這一未知事物，你就會保持高度集中的注意力以及極快接納知識的速度。這種對未知事物的注意力以及極快的接納速度，就源於對知識的好奇。

心理學認為：好奇心是個體遇到新奇事物或處在新的外界條件下所產生的注意、操作、提問的心理傾向。它容易被外界刺激物的新異性喚醒。好奇心反映了個體的認知需求，不同的個體面對同樣的認知資訊，會產生不同水準的好奇心，它的強度與個體對相關資訊的瞭解程度有關。

所以，我們需要對知識充滿好奇，永遠保持初學者的心態，即使你已被公認為大師、專家，面對知識的更新、出現，仍需要保有兒時的好奇心。

愛因斯坦說他之所以能取得成功，原因就在於他具有狂熱的好奇心。美國學者希克森特·米哈伊在談到好奇心的重要性時說：「好奇心需要被保護，也許所有的孩子都有好奇心，但這種對事物的好奇是否能保持到成年甚至老年，很難說。」

在劍橋大學，維特根斯坦是大哲學家莫爾的學生。

有一天，羅素問莫爾：「誰是你最好的學生？」

莫爾毫不猶豫地說：「維特根斯坦。」

「為什麼？」

「因為在我所有的學生中，只有他一個人在聽我的課時，老是露著迷茫的神色，老是有一大堆問題。」

羅素也是個大哲學家，後來維特根斯坦的名氣超過了他。

有人問：「羅素為什麼落伍了？」

維特根斯坦說：「因為他沒有問題了。」

德國著名化學家李比希把氯氣通入海水中提取碘之後，發現剩餘的母液中沉積著一層紅棕色的液體。他雖然感到奇怪，但並未放在心上，武斷地認爲這不過是碘的化合物，只在瓶上貼張標籤了事。直到以後一位法國科學家證實是新元素溴，李比希才恍然大悟。他因此稱這個瓶子爲「失誤瓶」，以此告誡自己。

達爾文從小就愛幻想，他熱愛大自然，尤其喜歡打獵、採集礦物和動植物標本。他的父母十分重視和愛護兒子的好奇心和想像力，總是千方百計地支持孩子的興趣和愛好，鼓勵他去努力探索，這為達爾文寫出《物種起源》這一巨著打下了堅實的基礎。

有一次，小達爾文和媽媽到花園裡給小樹培土。

媽媽說：「泥土是個寶，小樹有了泥土才能成長。別小看這泥土，是它長出了青草，餵肥了牛羊，我們才有奶喝，才有肉吃；是它長出了小麥和棉花，我們才有飯吃，才有衣穿。泥土太寶貴了。」

聽到這些話，小達爾文疑惑地問：「媽媽，那泥土能不能長出小狗來？」

「不能呀！」

媽媽笑著說，「小狗是狗媽媽生的，不是泥土裡長出來的。」

達爾文又問：「我是媽媽生的，媽媽是外婆生的，對嗎？」「對呀！所有的人都是他媽媽生的。」

媽媽和藹地回答他。「那最早的媽媽又是誰生的？」達爾文接著問。

「是上帝！」媽媽說。

「那上帝是誰生的呢？」小達爾文打破砂鍋問到底。

這下，媽媽答不上來了。她對達爾文說：「孩子，世界上有好多事情對我們來說是個謎，你像小樹一樣快快長大吧，這些謎等待你們去解呢！」

達爾文七八歲時，在同學中的人緣很不好，因為同學們認為他經常「說謊」。比如，他撿到了一塊奇形怪狀的石頭，就會煞有介事地對同學們說：「這是一枚寶石，可能價值連城。」

同學們哄堂大笑，可是他卻並不在意，繼續對身邊的東西發表類似的另類看法。還有一次，他向同學們保證說，他能夠用一種「秘密液體」，製成各式各樣顏色的西洋櫻草和報春花，但他從來就沒有做過這樣的試驗。

久而久之，老師也覺得他很愛「說謊」，把他的問題反映到了達爾文的父親那裡。父親聽了，卻不認為達爾文是在撒謊，而是在想像。

還有一次，達爾文在泥地裡撿到了一枚硬幣，他神秘兮兮地拿給他的姐姐看，並一本正經地說：「這是一枚古羅馬硬幣。」

姐姐接過來一看，發現這分明是一枚十分普通的十八世紀的舊幣，只是由於受潮生銹，顯得有些古舊罷了。

對於達爾文「說謊」，姐姐很是惱火，便把這件事告訴了父親，希望父親好好教訓他一下，讓他改掉令人討厭的「說謊」習慣。

可父親聽了以後，並沒有在意，他把兒女叫過來說：「這怎麼能算是撒謊呢？這正說明了他有豐富的想像力。說不定有一天他會把這種想像力用到事業上去呢！」

達爾文的父親還把花園裡的一間小棚子交給達爾文和他的哥哥，讓他們自由地做化學試驗，以便使孩子們的智力得到更好的發展。

達爾文十歲時，父親讓他跟著老師和同學到威爾士海岸去度過三周的假期。達爾文在那裡大開眼界，觀察和採集了大量海生動物的標本，由此激發了他採集動植物標本的愛好和興趣。

沒有好奇心，沒有想像力，就沒有今天的「進化論」。而達爾文的父母最成功之處就在於特別注意愛護兒子的想像力和好奇心。

小時候的我們認為周圍的一切都很神秘，總會有些出乎意料的事物等待我們去觀察、探索、詢問、操作或擺弄。然而，隨著時間的流逝，很多人不再對周圍事物懷有探索、詢問的心理傾向。

只有對事物永遠充滿好奇，才能使我們始終保持一種初學者的心態，如饑似渴地吮吸知識中的營養成分，進而獲取極大的進步。

6 只要有心，人生處處皆是學問

> 三昧心相不離於心，此上是啟問有關修禪之方法與啟獲學問的妙門。
>
> ——靈泉宗一禪師

生活當中有許多值得我們留心的東西，一幢有特色的建築，一個裝飾漂亮的門面，一間佈置典雅的咖啡廳，一頁設計新穎的封面……這當中有許多值得我們學習的東西，只要留心觀察和思考，多少都會有所收穫。

只要有心，人生處處皆是學問。書本並不是學到知識的唯一途徑，有些學問，書本上根本就沒有，若是死死地抓著書本，而與現實脫軌，那就真的要變成一個書呆子了。

老子說：「人法地，地法天，天法道，道法自然。」其實，天地之間的一切都是有跡可循的，這一切的規律都是學問。

海邊捕魚的人，都知道什麼時候潮起，什麼時候潮落。有人觀察格外細心，發現潮起潮落和月亮的圓缺竟然有意想不到的「巧合」。經過不斷探索，人們發現了一個秘密，原來「潮汐」與天上的月亮有關。

英國物理學家牛頓看到蘋果落地這一普通的現象，卻產生了極大的興趣。他努力鑽研探索，最後解開了這個謎，發現了萬有引力。

英國大發明家瓦特看到壺水開沸頂起壺蓋兒，暗自稱奇，一番研究之後，他發明了蒸汽機。

只要我們能處處留心身邊的知識，並能夠把握住它，就能將它化爲己用。

人生處處皆學問。許多事就像一張窗戶紙，在沒有捅破之前，你會愁眉不展、兩眼茫然；當有人告訴你答案時，你會若有所悟，原來如此。人生需要感悟，有感悟的人生才能變得睿智，才能變得快樂而幸福，才能變得完美而無憾。

人的一生中有很多次改變自己命運的機會，是往好的方面改變，還是往壞的方面改變，完全依賴於你對當時情形的認識。也就是說：有什麼樣的看法，往往就會有什麼樣的命運；有什麼樣的目標，就會達到什麼樣的結果。一個人的態度決定著他能否走向成功與幸福。保持消極的心態，就會有消極的人生；保持積極的心態，就會有積極的人生。而要保持什麼樣的心態，完全由我們自己來決定。

一個人具備的天賦和超凡的悟性，不在於他（她）年老或年少，而是在於他（她）對事物提出的見解。悟性越好的人，理解能力越強，創造性也就越強。由此可知，悟性就是我們每個人的深層次智慧。每個人都有悟性、靈感和才華，重要的是，我們應該發現它、珍惜它，這樣它才會爲我們的人生綻放光華。

第六章

像佛一樣靜心

靜，可以幫助你，在種種混亂之感漸漸沉澱下來，
使你越來越清楚自己的感受、想要什麼、
是個什麼樣的人、有些什麼樣的特質，
同時使你慢慢聯結到自己最核心的部分，
開始知道要怎麼做才能讓自己安然，
原本的恐懼也不再如影隨形地威脅著自己了。

1 平和心才是悟道之本

意粗，性躁，一事無成。心平、氣和，千祥駢集。

——弘一法師

平和即心理平衡，合於自然之道。人只有心靜，才能去燥，沉穩才能避開輕浮之舉。水面靜，才能映出完整的月亮，心靜才能接受宇宙良好的資訊和能量。

《臨濟錄》裡的一段故事：有一天晚上，大含和尚一個人在讀經，一強盜持刀入室，和尚平靜地問：「你是要錢還是索命？」

強盜說要錢，和尚就隨手從懷中取出錢袋扔給強盜，說：「拿去吧。」說完，他又繼續讀經。

強盜拿了錢正要逃出去，這時，和尚突然說道：「等等，出去把門關好。」

這一說嚇得強盜呆若木雞，屁滾尿流地逃了出去。

這個強盜事後對人說：「我打家劫舍，歷盡風險十幾年，從未像這次這般嚇得魂飛膽破。」

平和的威力竟如此巨大。天地下和，無焦無慮，無憂無愁，不以物喜，不以己悲，因而能長久。一切成敗毀譽都不能影響到平和寧靜，這就是佛家所講的「八風吹不動」。

生命就是這樣，你刻意追求的東西往往終生都得不到，而你的期待反而會在你的淡泊平和中不期而至。

還記得金庸小說慣用的寫法嗎？千辛萬苦、精心策劃想要獲得的武功秘笈，卻被不曾想過要獲得的人偶然間拾到，輕而易舉練成絕世武功。小說固然是假的，但書中蘊含了金庸對待人生的態度：拚了命地非求得不可，與毫無功利和得失之心者，上天往往比較厚待後者。

人生在世，誰都會遇到許多不盡人意的煩惱事，關鍵是你要以一份平和的心態去面對這一切。我們不可能像佛家高僧那樣進入一種無我、心外無物的高超境界，但至少可以努力去做到臨危不懼、臨辱不驚、不以物喜、不以己悲。成功時，不要得意忘形；失敗時，也不要灰心氣餒，以一顆平和心坦然處之。

2 靜心的裨益

人當變故來時只宜靜守，不宜躁動，即使萬無解救，而志正守確：雖事不可為，而心終可白；否則必致身敗名亦不保，非所以處變之道。

——弘一法師

有時候，人們好像失去了生活目標，每天都在「與時間賽跑」，好像有一支無形的槍在抵著自己的後背，命令他們：「立即做好這件事！」人們像可憐的馬牛，被無窮無盡的事情驅趕著，不少人由此淡漠了親情、友情：擠不出時間常回家看看，更談不上給爸爸捶捶背，幫媽媽洗洗碗，同樣也沒有時間帶孩子去遊樂場玩個痛快……

英國的一位中年記者這樣寫道：「儘管人類的身體並沒有發生變化，但現代人睡眠的時間卻越來越短，而睡眠品質也在下降。白天的時間被延長，首先是因爲有了火，後來是電燈，現在是玩電子遊戲、上網聊天、看電視或從事繁重的工作。現在的人比二十年前的人睡眠時間減少了百分之二十。現在的社會已經變成了一種『廿四小時的社會』，一切都在持續不斷地運轉。」

人們真的需要這樣忙碌嗎?明朝人陸紹珩說，世上的事情是無窮的，越幹事情越多。而人生是有限的，這就要有所選擇地去做事。越能找到清閒，就越輕鬆。

可是，有人擔心：「如果我的工作需要積極進取往前衝的態度，那靜下來，會不會讓我遲緩下來，阻礙我的事業發展?」事實上，靜和出離塵世無關，它和現實生活是緊密結合的。

在山中的廟裡，有一個小和尚被派去買菜油。

出發之前，廟裡的廚師交給他一個大碗，並嚴厲地警告他：「你一定要小心，我們最近的財務狀況不是很理想，你絕對不可以把油灑出來。」

小和尚到山下買完油，在上山回廟的路上，想到廚師凶惡的表情及鄭重的告誡，越想越緊張，於是越發小心翼翼地端著裝滿油的大碗，一步一步地走在山路上，絲毫不敢左顧右盼。然而，天不遂人願，快到廟門口的時候，他沒有向前看路，踩到了一個洞裡，雖然沒有摔跤，卻灑掉三分之一的油。

小和尚懊惱至極，緊張得手開始發抖，以至於無法把碗端穩，等回到廟裡時，碗中的油就只剩下一半了。

廚師非常生氣，指著小和尚罵道：「你這個笨蛋！我不是說要小心嗎？為什麼還是浪費了這麼多油？真是氣死我了！」

小和尚聽了很難過，開始掉眼淚。

這時，一位老和尚走過來對小和尚說：「我再派你去買一次油。這次我要你在回來的途中，多看看沿途的風景，回來要把美景描述給我聽。」

小和尚很是不安，因為自己小心翼翼都端不好，要是邊看風景邊走，更不可能完成任務。不過在老和尚的堅持下，他還是勉強上路了。

在回來的途中，小和尚聽從老和尚的意見，觀察起沿途的風景。這時，他驚奇地發現山路上的風景是如此美麗：遠處是雄偉的山峰，山腰上有農夫在梯田上耕種，一群小孩子在路邊快樂地玩，鳥兒輕唱，輕風拂面……

在美景的陪伴中，小和尚不知不覺就回到了廟裡。當小和尚把油交給廚師時，發現碗裡的油裝得滿滿的，一點都沒有損失。

老和尚的建議充滿了智慧。生活中，人們常常會因為忙碌而忽略了原本應有的生活方式，把焦點全都集中在成績、工作、效率上，太執著於某一點的得失反而更容易失去。

試想，我們一天要遇到多少人——高的、矮的、胖的、瘦的、強勢的、溫柔的……我們和這些人又有多少情緒的觸動與互動——開心、憤怒、誤會、渴望被瞭解、渴望被關心……

我們一天要面對和處理多少事——大事、小事、公事、私事……

一天要接收多少資訊——看書、看雜誌、看電視、看電影和上網……

在資訊鋪天蓋地、網路更新飛速發展的今天，我們的腦袋要做多少的工作，方能消化完這些資訊？甚至當我們處在睡眠中或只是靜靜地坐在公車上時，腦袋仍舊一刻不停地工作，忙得不可開交，爲我們思考今天發生的事情，爲我們消化吸收所接納的資訊。我們總是會不斷地想到很多東西，甚至有時根本不是主動去想，而是頭腦不受控制的運作！

在這種高速率的運作之下，如果完全不給自己喘息的空間，一味讓它不加節制地工作下去，新的情緒就會把舊的蓋過去，腦袋已經疲憊不堪，卻仍舊不停地灌入新東西，久而久之，焦慮和緊張只會日益更甚。如此的惡性循環容易使人體出現故障、磨損，無法再正常運作，心理疾病也會在這樣的環境中暗暗滋生。而靜，就是解開這個惡性循環鏈的鑰匙；靜，就是讓自己在高速妄念中稍微獲得喘息，讓引擎獲得保養的時間；靜，就是讓控制稍微鬆開，保持寧靜放鬆的時間；靜，就是讓我們的身心靈得到休息的時間。

心裡平靜、安定的人，較能運用自己的智慧解決生活中的問題，因爲靜心給智慧提供了孕育的空間。靜心是指自己不被外界的刺激所誘惑，不被自己的貪婪、嗔怒、愚癡、傲慢和疑心所牽動，維持醒覺的狀態，看清一切，打開智慧之窗，綻放覺醒的光芒。

當一個人放不下心中的執著與雜念時，就會心浮氣躁，從而很難對周圍的任何事情作出一個正確的判斷，因此也不能冷靜理智地思考對策。靜心才能產生智慧，一個人在最寧靜時刻的思維，必定是他靈魂昇華之後的智慧結晶。

靜心不僅是一種修養，更是一種智慧。事情當前，臨危不亂，自能產生出無限的智慧，化解困難。心浮氣躁之人，非但不能解決問題，反而誤事。

3在生氣的時候不要做任何決定

盛喜中，勿許人物；盛怒中，勿答人書。喜時之言，多失信；怒時之言，多失體。

——弘一法師

人的心態，尤其是我們這些凡夫俗子的心態，非常不穩定，偶爾也會生起一些厭煩心、出離心，這種狀況很普遍。

有個男人，老婆生孩子時難產死了，幸好家裡有條聰明能幹的狗，照看嬰兒的重擔自然就落在了牠身上。

有一天，男人有事外出，很晚才回來。狗知道主人回來了，歡快地出來迎接。可是男人看到狗嘴裡都是血，一種不祥的預感頓時湧上心頭，心想是不是這狗由於饑餓，獸性發作，把孩子給吃了。於是他連忙趕到床邊一看，沒人，只看到一堆血跡。男人在狂怒之下，拿起棍子便將這條狗給活活打死了。

誰知就在這時候，孩子哭著從床底下爬了出來，男人這才知道自己錯怪了狗。四下查看，發現不遠處躺著一條狼，已被活活咬死，再看那條狗，後腿已被嚴重抓傷。

原來，在男人外出的時候，有條狼溜了進來想偷吃孩子，狗勇敢地衝上去與狼搏鬥，最終保住了孩子的生命。男人知道真相後，嚎啕大哭，悔恨不已，可是一切已經無法挽回。

爲什麼會發生這樣的悲劇?那是因爲他被強烈的憤怒沖昏了理智，以至於忽視了最基本的判斷與核實的步驟。其實這也是人的通病。根據心理學家的測算，人在憤怒的時候，智商是最低的。在憤怒的關頭，人們會做出非常愚蠢的決定而自以爲是，也會做出非常危險的舉動而大義凜然。這個時候所做的決定，百分之九十以上都是極端的錯誤。

其實，很多人都是因「一時之氣」而斷送了一生——幾乎所有的在獄囚犯都表示過後悔；大部分刑事案件都是在憤怒之下因一個不理智的決定而發生的；幾乎所有罪犯在接受採訪時都表示過：「如果當時……」事實上，絕大多數人本質是善良的，正所謂「人之初，性本善」，真正窮凶極惡、以殺人放火爲樂事的人少之又少。從這個意義上講，在生氣時能否擁有理智，將從根本上影響人的一生。

弘一法師說：「很多居士皈依佛門，懂得了一些道理，就開始離家出走。家、工作都不要了，孩子也不管了，然後到廟裡做義工，做一些善事。沒有幾天又動心了，想家，想孩子，就又回去了，回去以後又開始造業。這叫什麼？這叫業際顛倒。這種人沒有暇滿的人身，所以沒有解脫的機會，千萬不能變成這樣的人。自己一定要考慮成熟，然後才可以下決心。」

人是感性動物，生活在愛恨情仇的交織中。人生處在不斷的選擇之中，有些選擇或許無關痛癢，有些選擇卻事關全域；有些失誤可以盡力彌補，有些卻無力回天。很多人都曾因生氣而做出錯誤的決定，如果你沒有被那錯誤的決定所傷害，那要感到慶幸，但幸運並不一定永遠垂青於你。

所以，要想把握自己的一生使之不偏離軌道，就請記住這句忠告——在生氣的時候不要做任何決定！

4 你是否需要一個真正意義上的「靜」

靜能制動。沉能制浮。寬能制褊。緩能制急。

——弘一法師

佛門修行講究靜心，釋迦牟尼當年在菩提樹下，擺脫一切干擾，把自己的心沉靜下來，才終於悟道。佛家講「空」，儒家講「靜」，道家講「清靜無爲」，這些都是一個意思，就是讓人心境平和，心底清靜。

前面的言下之意，彷佛人人都需要靜。但如果有人覺得目前的生活很好，十分滿足，一無所求，即使偶感痛苦，也甘之如飴，即使有緊張和不安，也習以爲常，那麼恭喜你，你並不是特別需要「靜」——但大多數人，已經受夠了整天沒完沒了奔命似的不斷處理生活上的一切，受夠了自己整日昏昏沉沉、像遊魂一般的生活，他們希望能多點沉澱和清醒，確認清澈的覺知和智慧有所提升，多點內在的穩定紮實感，確認身心的放鬆和自在有所提升。簡言之，你受夠了現在的生活，開始對目前的生活價值感到懷疑，因而生起要探索一個新開始的念頭。

總而言之，大多數人迫切地需要「靜」。來看看你的情況，看一下，你是否需要一個真正意義上的「靜」呢？

● 你對內在世界產生好奇心與渴望

你對所謂的內在世界有一點興趣，有一點好奇，想要看看那扇門背後究竟有什麼樣的空間存在，那樣的空間會帶給你什麼。你對所謂的「心」非常感興趣，抑制不住好奇心對生命核心存有的渴望，你想要試試看、探索看看，非要往內尋找你曾聽說過的那種寧靜、放鬆、清醒，並要將它們帶入你的生命裡。

● 你想讓自己的心、腦、丹田、身體相互協調

也許你已感受到自己的健康狀況在日復一日的壓力裡每況愈下，體力大不如前，身體不再靈敏快捷，記憶力漸漸地喪失，甚至無法做出清晰明斷的判斷。

我們都有一種傾向，會特別偏重使用心、腦、丹田三種能量的其中一種。比方說，你是一名電腦技術人員，整天都與電腦打交道，下了班不是看電視，就是玩遊戲，極少運動，極少使用頭腦以外的部分，那麼你就是偏重腦的典型；如果你是幼稚園老師，每天都在付出愛心照顧小孩，那你就比較偏重於心；若你是一名廚師或者藍領，長期使用身體的感覺或勞力，你就相對偏重於身體。

無論偏重哪一個部分的工作，都是一種失衡的狀況。頭腦使人冷靜，有透徹的判斷

力；心使人柔軟，使人愛，使人慈悲；身體則能讓人感受到生命力，享受生命的喜悅。每個部分都有其美好的特質，當三者協調平衡，你才能夠品嘗到三合一的甘美，而不是失衡的損耗和疲累。

靜，無法使你的年歲倒退，卻可使你的心靈回春；靜，可以使你的身體加速更新因壓力疲勞而乾癟退化的細胞；靜，可以使你倦怠至極的五臟六腑和心靈在放鬆之後，重新伸展對生命敏銳的觸角；靜，也可以使長期只使用腦部而完全忘記身體和丹田的你，重拾與自己生命之根的聯結。

●你渴求品嘗愛和成長

每個人與生俱來都擁有愛和愛的能力。只是這份愛和愛的能力在成長的過程中會受到創痛，生活中大大小小的壓力，使得它們在歲月裡蒙上了厚厚的灰塵。我們被遮蔽的眼睛看不見它們存乎於心，卻向外求愛，直到身心俱疲。

其實它們並沒有消失，只是蒙上了一層厚厚的灰塵，只要把灰塵撣去，你仍可以看到那顆充滿愛的心，依然熒熒地散發出玫瑰色的光芒，滌蕩著清澈而澄明的智慧。它一直都想要溫暖你，爲你指引方向，只是它在等待著你拭去它上面的灰塵。

靜心就是沁人心脾的泉水，使所有灰塵得以洗滌。當你重新尋得心中的愛，你將第一次感受到愛的真正滿足，因爲這份愛來自於你的心，你將不用外求，不需要再當一個愛的乞丐。相反，你變成了一個愛的富翁，把源源不絕的愛的甘甜泉水佈施給心靈枯竭的眾生，滋潤著你及你身邊的人。

這就是愛的芬芳，愛為我們帶來成長和歡欣。靜心使你不再對愛、對成長饑渴，你的心汩汩地湧現著源頭活水，持續地滋潤著你，消解你的饑渴。

●你需要釋放緊張、壓抑和害怕

生活中充滿了各種各樣的緊張，緊張自己工作做得不夠好、世事不盡如人意、小孩的教育問題、每個月的房貸車貸、父母生病……一天二十四小時的生活裡，似乎無論怎麼努力都無法解決所有的事，一波未平，一波又起，令人防不勝防，神經兮兮。

生活中有太多壓抑，想說的話不能說，想表達的意見不能表達，種種壓抑一再鬱結，越來越使人感覺，自己身處在一座樊籠裡，衝也衝不出去，壓抑著透不出氣的心情。

生活總是滿布恐懼的陰霾，害怕被裁員、錢賺得不夠、心愛的人跑掉、不被別人認同肯定……無止盡的恐懼，不知何去何從，不知道到底要怎麼做才能逃脫這種充滿恐懼的生活。總以為自己只要走到下一步，恐懼就會消失，可是新的不安卻又出現了。

雖然你曾經質疑過生活的方向，但為什麼不管怎麼做，還是充滿緊張和害怕、壓抑、窒息？此時，你需要一條通向光明無畏的出路，那就是靜心。我們都看過佛像安詳的面容，不管天下發生了多恐怖的事情，它總是安然屹立，面帶祥和，從容不迫。

這就是靜。

●你長期處在混亂中，想要尋找明確方向

對許多人來說，混亂是一種生活常態。姑且不說實際生活上造成的混亂，像白天上班、晚上帶孩子之類的，更擾人的是一種情感上的、內心矛盾的混亂。比方說，一方面你想要去看電影，另一方面又很想在家休息；你既想要出國旅遊，開拓視野，又想要省錢，為未知的生活境況做好準備；熱愛工作的你想要找一份更能發揮創造力的工作，但期盼安穩的你又追求純粹穩定的生活，不想有太多變化……

內心種種混亂層層糾結，使你搞不清楚自己究竟是一個怎麼樣的人，真正想追求什麼。混亂主導了你的一切，你彷彿在黑暗中摸索，隨時都有跌倒的可能。

靜，可以幫助你，讓你的種種混亂之感漸漸沉澱下來，使你越來越清楚自己的感受、想要什麼、是個什麼樣的人、有些什麼樣的特質，同時使你越來越聯結到你自己最核心的部分，你開始知道要怎麼做才能讓自己安然，原本緊咬著你的恐懼也不再那麼如影隨形地威脅著你了。

在靜心之中浮現的與自己的聯結，那一份安然，將成為你生活中強有力的臂膀。一旦你真的與之聯結，原本你因為沒有安全感而依賴著的外在的一切都將變得無足輕重，那份安然比什麼都實在。

●你渴望品嘗「靜」滋味

常常聽到很多人說：「我想好好靜一靜。」有些人渴求寧靜，不喜歡喧囂熱鬧的生活；有些人渴望放鬆，身心靈的放鬆。即使這樣的渴望存在，他們還是用電視、電影、書本填塞自己的私人生活，仍舊是忙亂，只不過現在是一個人忙亂而已，渴望也仍舊只是渴望。

靜心能使你止渴。

在靜心裡，你可以品味到流連舌尖的舒暢茶香，可以聞到玫瑰花沁入心肺的芬芳，可以感覺到眼前人溫柔的微笑，甚至可以聽到竹葉摩娑的沙沙聲。一切不再只是生活的浮光掠影。

我們真的是在生活，不是匆匆的孤寂的人間過客。

這就是靜的滋味。一舉手一投足，都是定，都是靜。

5不被徒有其表的名聲、權勢所擾

人生隨緣便會活得自在，能夠安分守己，不被環境所轉，心中就不會有障礙。

——弘一法師

莊子說：「世人終生奔波於名利而不見有所作用，疲憊不堪而不知自己的歸宿，太悲哀了。」

莊子在河南濮水悠閒地垂釣。楚威王聞訊後，認為莊子到了自己的國境內，機會難得，於是速派兩位官員趕赴濮水。來者向莊子傳達了楚威王的旨意，邀請莊子進宮，願將楚國的治理大業拜託給莊子。

莊子手持釣竿聽畢楚王的意圖後，頭也不回，他眼望著水面沉思片刻，說：「楚國有神龜，死去已有三千年。楚王將它的骨甲裝在竹箱裡，蒙在罩中，珍藏在太廟的明堂之上供奉。請問：對這隻神龜來講，它是願意死去遺下骨甲以顯示珍貴，還是寧願活著，哪怕是在泥塘裡拖著尾巴爬行呢？」

兩位來使聽完莊子的一番發問，不加思索地回答：「當然是選擇活著，寧願在泥塘生存。」

莊子見他們回答肯定，回過頭悠然地告訴兩位官員：「有勞兩位大夫，請回稟楚王吧，我選擇活著！」

這篇寓言表現了莊子的人格高潔，不爲徒有其表的名聲、權勢而放棄生命的自由。人生最可貴的是生命，生命最可貴的是自由。

面對楚王的邀請，莊子選擇了「泥塘」，不願做祭俸於廟堂之上的「龜甲」，拒絕了在別人看來千載難逢的機遇，自由地坐在岸邊垂釣。秀美的山水給了他無限的樂趣，和煦的清風給了他智慧的思考，他不爲徒有其表的名聲、權勢所累，笑對清貧的生活，笑對人間的功名，那是怎樣的一種閒適呀！他安然的生活造就了「無己」、「無功」、「無名」的高潔，吟出了心如濮河般澄澈的「秋水」。

很多人出於對權力的貪婪與欲望，無時無刻不在費盡心思爭取更多更高的權力，這樣很容易突破道德良知的底線，甚至做出違法犯罪的事情。因此，古羅馬歷史學家塔西佗說，「權力欲」是一種最臭名昭著的欲望。英國思想家霍布斯更是對「權力欲」作出了形象的描述：得其一思其二，死而後已，永無休止。

人們以爲有了權力就可以爲所欲爲，可以滿足自己的各種欲望，呼風喚雨，頤指氣使。所以，有人爲了權力可以不擇手段，不惜一切。

但這些人卻沒有看到，有時，權力的獲得是以人格的屈辱作爲代價的，爲了保持心理上的平衡，使自己從心靈上、情感上獲得補償，權力的擁有者會加倍專制和冷酷來役使那些意圖從自己手中討取利益的人，從而媚上而傲下，使得權力的角逐者永遠陷入二重人格的痛苦、矛盾和分裂中。權力，總是可以把善良的心引進罪惡的深淵。

歷代領袖，雖然擁有許多權力，卻也付出了極大的代價。權力，在你沒有擁有的時候也許不重要，一旦擁有，就再也回不了頭了。你應該明白，世界上的一切都將過去，就連我們的生命都將過去，所有的權勢功名終將化爲塵埃。想要獲得幸福，只有淡泊名利，以淡雅、低調的心態面對名利的紛擾，才是做人的最佳姿態。「也無風雨也無晴」，一如蘇軾的曠達，一如故都四合院清秋啜飲的悠遊。笑因清風而坦然，怒因香茗而消散。士人不以仕不順而歎惋，詩人不以才不遇而哀傷，唯有清風與香茗貯藏在心中，才會讓靈魂獲得恒久的平靜。

6從心著手，靜化靈魂

心無掛礙，無掛礙故，無有恐怖，遠離顛倒夢想，究竟涅槃。

——《般若波羅蜜多心經》

生活的不安、焦慮、急躁、扭曲等，都不是痛快淋漓的，往往會讓人感覺到煩惱。當領導的，每日裡要應付各種各樣的雜務，應付各個層次認識的、不認識的人，自己的內心得不到安寧，時常感到煩惱；生意人想賺錢，卻偏偏賠了本；不想見的人就在自己的眼前，相愛的人卻必須分離；追求的東西卻得不到，既得利益卻要放棄，等等，這些都是生活中的煩惱，使人無法真正地領受人生的美好和安詳。

有一位學僧請教禪師：「我脾氣暴躁，氣短心急，以前參禪時師父曾經屢次批評我，我也知道這是出家人的大忌，很想改掉它。但這是一個人天生的毛病，已成為習氣，根本無法控制，所以始終沒有辦法糾正。請問禪師，您有什麼辦法幫我改正這個缺點嗎？」

禪師非常認真地回答道：「好，把你心急的習氣拿出來，我一定能夠幫你改正。」

學僧不禁失笑，說：「現在我沒有事情，不會心急，遇到事情，它自然就會跑出來。」

禪師微微一笑，說：「你看，你的心急有時候存在，有時候不存在，這哪裡是習性？更不是天性了。它本來沒有，是你因事情而生、因境而發的。你無法控制自己，還把責任推到父母身上，你不認為自己太不孝了嗎？父母給你的，只有佛心，沒有其他的。」

學僧慚愧而退。

「心無掛礙」字面解釋是指心中沒有任何牽掛。這個詞出自《般若波羅蜜多心經》：「是故空中無色，無受、想、行、識，無眼、耳、鼻、舌、身、意，無色、聲、香、味、觸、法，無眼界，乃至無意識界，無無明，亦無無明盡，乃至無老死，亦無老死盡，無苦、集、滅、道，無智亦無礙。以無所得故，菩提薩埵，依般若波羅蜜多故，心無掛礙，無掛礙故，無有恐怖，遠離顛倒夢想，究竟涅槃。」

在生活中，我們面對無數的虛境，會生出無數的欲念，便會心有掛礙，進而產生無盡的煩惱。所以，「心有掛礙」是煩惱的根源之一，斷除煩惱之一途便是做到「心無掛礙」。

只有做到不受外界干擾，心無掛礙，才能靜下心來，做自己該做的事；才能明確自己的志向，實現自己的夢想。

有智慧的人在獨處時會管好自己的心，在不是獨處時則會管好自己的口。自知為愚者的並不愚蠢；自以為聰明的卻是愚中之愚。在你的心開始懂得以智慧去觀察時，生命的真諦便會在每一刻、每一地方、每一事物中向你展現。

如果你嚮往自主，請先學懂主宰自己的心。放下一點執著，你便會有一點平靜自在；放下多一點執著，你就會有多一點的平靜自在；在完全放下時，你便會體驗到完完全全的平靜自在。

從今開始，由己及彼，從心著手，靜化靈魂，受益匪淺。

7 不要預支明天的憂慮

生活是不能預支的，不要浪費你的生命在你知道一定會後悔的地方。

——達摩大師

有一個人總覺得自己得了不治之症，便跑去看醫生。

醫生問他有什麼症狀，他說沒什麼不舒服。

醫生又問：「你最近食欲怎麼樣？」他說很正常。

「那你覺得自己得了癌症的依據是什麼？」醫生好奇地問道。

他說：「我聽說癌症的初期什麼症狀都沒有，我正是這樣啊！」

這個故事告訴了我們一個道理：煩惱不是別人給的，是自己想得太多。

這個世界上沒有任何事情比杞人憂天的煩惱更可怕。有一句老話說：「天要下雨娘要嫁人，隨他吧。」既然憂慮無濟於事，多想不如不想。

其實，現代人之所以煩惱焦慮，並不是真的遇到了無法解決的事情，而是因為「想得太多」。

因爲「想得太多」，我們時常自以爲是地擔心著原本沒有發生的事情，無病呻吟地抱怨著可能根本就不存在的問題，搞到最後，不但自陷絕境，甚至還危害到了自身的身心健康。

俗話說：「憂能傷人，愁能殺人。」許多想得太多的人，因爲心思太過沉重，所以很難體會到真正的人生樂趣。因此，當憂愁、擔心、哀傷等情緒如蛛網般纏上心頭時，請不要容它侵蝕你的心。如果你總是將一些沒必要擔憂的事一遍又一遍地在腦中思來想去，你的心緒就會像被不斷拉扯的彈簧一樣，終有一天會被扯斷。

很多人都有過這樣的經歷：白天若是想得太多，一天的工作生活就無法正常進行，甚至還會頻頻出錯；晚上若是想得太多，常常是夜不能寐，就算勉強入睡，第二天起來也是昏昏沉沉。其實，轉念一想，就算事情真的發生了，想得再多又有什麼用呢？

生活不可能像心目中所期望的那樣美好，它有酸甜苦辣，有悲情苦楚，也有許多的憂慮。憂慮來源於生活，來源於對未知世界的不瞭解，也來源於自身的擔憂和顧慮。許多煩惱本不存在，但是在多慮的情況下，任何情況都可能造成你的憂慮。

個人的力量是渺小的，誰都無法與宿命抗衡，誰都改變不了既定的事實。所以，倒不如順其自然，靜觀其變，並做好自己能做到的事情。只要無愧於心，此生就已無憾了。

8別為小事抓狂

心寬則不計較，能忍則不躁動，不計較、不躁動便是淡然。

——海濤法師

人常常被困在有名和無名的憂煩之中，它一旦出現，人生的歡樂便會不翼而飛，生活中彷彿再沒有了晴朗的天，真是吃飯不香，喝酒沒味，幹工作沒勁，幹事業沒心，連玩都沒意思。這一切，只因爲我們陷入了多餘的憂煩之中。

法律界有一句名言：「法律不會去管那些小事情。」但有些人卻偏偏爲小事憂慮，始終得不到平靜。

以前，荷馬・克羅伊寫作的時候，常常被紐約公寓熱水燈的響聲吵得幾乎發瘋。蒸氣會砰然作響，然後又是一陣吡吡的聲音，而他會坐在他的書桌前氣得直叫。

「後來，」荷馬・克羅伊說，「有一次，我和幾個朋友一起出去宿營，當我聽到木柴燒得劈啪作響時，我突然想到：這些聲音多像熱水燈的響聲，為什麼我會喜歡這個聲音，而討厭那個聲音呢？我回到家以後，跟自己說：『火堆裡木頭的爆烈聲是一種很好的聲音，熱水燈的聲音也差不多，我該埋頭大睡，不去理會這些噪音。』結果，我果然做到了。頭幾天，我還會注意熱水燈的聲音，可是不久我就把它們整個忘了。」

「很多其他的小憂慮也是一樣，我們不喜歡那些，結果弄得整個人很頹喪。只不過因為我們都誇張了那些小事的重要性……」

狄士雷里說過：「生命太短促了，不能再只顧小事。」

「這些話，」安德列・摩瑞斯在《本周》雜誌裡說：「曾經幫我挨過很多痛苦的經驗。我們常常讓自己因爲一些小事情、一些應該不屑一顧和忘了的小事情弄得非常心煩……我們活在這個世上只有短短的幾十年，而我們浪費了很多不可能再補回來的時間，去愁一些在一年之內就會被所有的人忘了的小事。不要這樣，讓我們把自己的生活只用在値得做的行動和感覺上，去運用偉大的思維，去經歷真正的感情，去做必須做的事情。因爲生命太短促了，不該再顧及那些小事。」

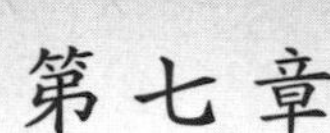

第七章

欲成佛門龍象，先做眾生馬牛

人生的道路，無論是崎嶇或平坦，都要靠自己去走；
人生的滋味，不管酸甜苦辣，都要自己品嘗。
沒有人是永遠的贏家，也沒有人是真正的失敗者。
只要你有信心，只要你和氣、安忍，
就能無欲則剛、能忍自安。

1刀靠石磨，人靠事磨

竹密豈妨流水過，山高怎阻野雲飛。

——善靜法師

磨難是一個人成長的標誌，只有經過歷練的人才可以在紛雜的社會裡站住腳。每個人一生之中都會遇到很多磨難，只有把磨難當作考驗，才可以讓自己越來越堅強，從而活出自己的精彩。痛苦能讓一顆脆弱的心變得堅強，能讓一個弱不禁風的身體變得強壯。只有經歷過痛苦和磨難的人生，才是真正的人生。

小和尚總覺得方丈對自己不公，因為方丈一連讓他做了三年誰也不願意做的行腳僧。

一天清晨，小和尚聽著外面滴答滴答的雨聲，心說今天總算可以休息一下了。誰知方丈照常敲開他的房門，嚴厲地問他：「你今天不外出化緣？」

小和尚不敢說是因為外面下雨，便和方丈打起了禪機。他故意走到床前一大堆破破爛爛的鞋子前面，左挑一雙不好，右挑一雙也不好。

方丈一看就明白了，說：「你是不是覺得我對你太嚴厲了？別人一年都穿不破一雙鞋，你卻穿爛了這麼多的鞋子，而且今天還下著雨。」

小和尚點點頭。

方丈說：「那你今天就不用出去了，一會兒雨停了，隨我到寺前的路上走走吧。」

不一會兒，雨就停了。

寺前是一座黃土坡，由於剛下過雨，路面泥濘不堪。

方丈拍著小和尚的肩膀，說：「你是願意做一天和尚撞一天鐘，還是想做一個能光大佛法的名僧？」

小和尚說：「當然想做名僧。」

方丈撚鬚一笑，接著問：「你昨天是否在這條路上走過？」

小和尚：「當然。」

方丈：「你能找到自己的腳印嗎？」

小和尚不解：「我每天走的路都是又乾又硬，哪裡能找到自己的腳印？」

方丈笑笑，說：「今天你再在這條路上走一趟，看看能不能找到自己的腳印？」

小和尚說：「當然能了。」

方丈又笑了，不再說話，只是看著小和尚。小和尚愣了一下，隨即明白了方丈的苦心。

泥濘的路上才有腳印，雨後的天空才有彩虹。痛苦是最好的老師，成長路上的每次磨難，不僅是對一個人最好的考驗，也是一種潛在的饋贈。因爲刀靠石磨，人靠事磨，唯有滾水才能喚起茶葉的香，唯有磨礪才能將璞石打磨成寶玉。「沒有人能隨隨便便成功」，現實就是這麼殘酷，成功不會因爲你已經付出許多而青睞你，它只會迎接那些在泥濘的道路上走出來的人。

人們總想逃避磨難，他們以爲沒有磨難的人生才是快樂的人生，才能享受到生活的樂趣。其實不然，恰恰相反，只有經過痛苦和磨難的人才知道什麼是真正的快樂，沒有苦，怎麼會嘗到甜的滋味？沒有煩惱，怎麼會體會到生活的快樂？沒有壓力，怎麼會明白什麼是追求、什麼是理想？現實給予了每個人享受快樂的機會，但是同時也給予了你承受痛苦的能力，如果你不去承受痛苦，你就不會明白什麼才是真正的生活。

2 修行即是做事，生活無處不禪

青山幾度變黃山，世事紛飛總不干。眼內有沉三界窄，心頭無事一床寬。

——夢窗大師

人生的道路，無論是崎嶇或平坦，都要靠自己去走；人生的滋味，不管酸甜苦辣，都要自己品嘗。沒有一個人是永遠的贏家，也沒有一個人是真正的失敗者。只要你有信心，只要你和氣、安忍，就能無欲則剛、能忍自安。

道謙禪師與宗圓禪師結伴而行，四處參訪行腳，風餐露宿，跋山涉水，非常辛苦。宗圓疲憊不堪，吃不了這個苦頭，幾次三番鬧著要回去。

道謙想了想，就安慰他說：「我們決心出來參學，而且也走了這麼遠的路，現在半途放棄回去，實在可惜。這樣吧，從現在起，一路上如果可以替你做的事，我一定為你代勞。」

宗圓很高興，說：「那我可輕鬆多了。」

道謙卻說：「那可不一定，有五件事情我幫不上忙。」

宗圓問道：「哪五件事呢？」

道謙：「穿衣、吃飯、拉屎、撒尿、走路。」

宗圓終於大悟，從此再也不說辛苦了。

清末的康有爲說過，冬天曬太陽是一件很愜意的事情，但你不能指望別人替你去曬，你必須自己走到陽光下。民間也有句諺語：「黃金隨著潮水來，撈起你也得彎彎腰！」世上根本就沒有不勞而獲的道理，類似穿衣、吃飯、拉屎、撒尿、走路這樣的小事情，別人絲毫不能代替，更何況頓悟這等大事？實踐出真知，即便天上真的會掉餡餅，也掉不到一個空想家的頭上。

百丈懷海是馬祖道一座下最著名的入室弟子，出師後住江西百丈山。四方禪僧紛至還來，其門下人才濟濟，如溈山、希運等，後來都成了一代宗師。

百丈禪師對禪宗的一個巨大貢獻就是訂立了著名的禪門清規——《百丈清規》，大力宣導「農禪」的生活。

許多佛教徒認為他這樣做是犯了「戒」律，但百丈禪師不為所動，仍然以身作則，親自帶領徒弟們下地勞動，並且發誓說要「一日不作，一日不食」。

歲月不饒人，轉眼間，百丈禪師就到了兩鬢蒼蒼、顫顫巍巍的風燭殘年。雖然體力不支，但他仍然不聽眾人勸告，堅持下田勞動。

為了讓百丈禪師不再勞作，有個僧人靈機一動，想出了一個「好」辦法。他趁禪師入睡的時候，把他下地勞動的工具藏了起來，心想這下師父就不用再下田了。

百丈禪師醒來後發現工具不見了，又看到徒弟們面有喜色，就知道是他們搗的鬼。雖然他也知道徒弟們這麼做是為了自己好，但自己訂立的規矩和堅守的信條怎麼能就此打破？他說：「我沒什麼德行，怎麼敢讓別人養著我呢？」於是便以絕食抗議徒弟們的關心，「我既然發誓一日不作，一日不食，就該終生遵守。現在我沒工具下地幹活，違背了誓言，只好用絕食來謝罪。」

徒弟們一看師父要來真格的，慌得不得了，趕緊又把工具偷偷放了回去。

有人以爲，參禪不但要摒絕塵緣，甚至工作也不必做，只要打坐就可以了。不做工作，離開生活，哪裡還有禪呢？不去實踐，哪裡還能悟呢？念佛也好，參禪也好，都不能爲自己的懶惰找藉口。靠自己的雙手去生活，遠比依賴別人要踏實得多。

普通人對禪的認識的最大誤區之一，就是把做事與修行分開。其實，黃粟禪師開田、種菜，潙山禪師和醬、採茶，石霜禪師磨麥、篩米，臨濟禪師栽松、鋤地，雪峰禪師砍柴、擔水，還有仰山禪師的牧牛，洞山禪師的果園，等等，都在說明禪在生活中，生活才是禪。所以，從生活中發現快樂和滿足，你才能頓悟修行的真諦。

3佛家說的「定力」是什麼

老僧自有安閒法，八苦交煎總不妨，無作乃攀緣俱息。法性本來空寂，蕩蕩無有邊畔，安必取捨之間，被他二境迴換。

——淨空法師

定力本是佛家語，指理念堅固、心地清淨、克制物欲、適應環境的意志和開啓智慧、覺悟真理的心源。其實佛家之外的現代世俗生活，因爲缺少佛家戒律的約束，所以更要依靠自身的定力。

一位無果禪師為了參透禪理，深居幽谷，一住便是二十餘年，期間全靠一對母女護法供養。可是他卻一直未能明心見性，於是，他想出山尋師訪道。

護法的母女聽說禪師要走，便挽留禪師多留幾日，要做一件衲衣送給禪師。母女二人回家後，馬上著手剪裁縫製，縫一針念一句聖號。做畢，她們又包了四錠馬蹄銀，送給無果禪師做路費。禪師接受了母女二人的好意，準備次日動身下山。

當天晚上，無果禪師像往常一樣，仍坐禪養息。到了半夜子時，忽有一青衣童子，手執一旗，後隨數人鼓吹而來，扛一朵很大的蓮花，扛到禪師面前。

童子說：「請禪師上蓮花台。」

無果禪師十分驚奇，心中暗道：「我修禪定功夫，未修淨土法門，就算修淨土法門的行者，此境亦不可得，恐是魔境。」想到此處，無果禪師便不再理睬童子。童子又再三地勸請，說勿錯過。結果，無果禪師隨手拿了一把引磬放在蓮花臺上。不久，童子和諸樂人便鼓吹而去。

第二天一早，禪師收拾行囊正要起程時，母女二人手中拿著一把引磬來到無果禪師的住處，問道：「這是禪師遺失的東西嗎？昨晚家中母馬生了死胎，馬夫用刀破開，見此引磬，知是禪師之物，特來送回。只是不知為什麼會從馬腹中生出來呢？」

無果禪師聽後，大吃一驚，想想昨晚，不禁後怕得汗流浹背，隨後乃作偈曰：「一襲衲衣一張皮，四錠元寶四個蹄；若非老僧定力深，幾與汝家作馬兒。」

說後，無果禪師將衣銀還於母女二人，起程而去。

身邊有太多的誘惑時時引誘我們，讓我們慢慢淡忘、放棄自己的人生理想。小孩子會受到糖果的誘惑，學生會受到遊戲的誘惑，官員會受到賄賂的誘惑，減肥者會受到食物的誘惑，每個成年人都會受到風花雪月、錦衣玉食、名譽地位的誘惑。

當今天下是一個熱情洋溢的世界，也是一個浮華躁動的世界；是一個充滿機會與競爭的世界，也是一個充滿誘惑與欲望的世界。初出茅廬，隻身行走，有一種素質至爲重要，那便是定力。

●定力是處變不驚

縱觀歷史，時而風平浪靜，時而風高浪急。碰上後一種時勢，所有的人都要面臨更多的風險，接受更多的挑戰，分擔更多的責任。這是一種個人生活的偶然，又是一種歷史生活的必然。畢業下海，衝浪社會，沒有定力，難以從容進取。尤其是工作尚未著落、深造尚未如願時，更須處變不驚。

●定力是隨遇而安

每個人都有不同的境遇，這境遇或許是自己滿意的，或許是自己不滿意的，甚至是一種無可奈何的屈就。不同的人，志向不同，機會不同，能力不同，資歷不同，人脈不同，境遇自然千差萬別。但是，人生的一條鐵律，就是隨遇而安。無論何種境遇，都要冷靜面對；無論何種職業，都要安心就職。

●定力是潔身自好

社會生活從來是真善美與假惡醜的交織，要扛住紙醉金迷的誘惑，守住潔身自好的尺度，「任憑弱水三千，我只取一瓢飲」。社交可以積極，交友則須謹慎。遇上一開口專說別人壞話的，要小心；遇上當面一套背後一套的，要十分小心；遇上謀取名利不擇手段的，要格外小心。親君子，遠小人；做君子，不做小人。君子坦蕩蕩，小人常戚戚；君子謀事不謀人，小人謀人不謀事；君子愛財，取之有道，小人愛財，作奸犯科。

●定力也是鍥而不捨

鍥而不捨，方可創業。創業的路，從來艱難，開頭最難，所以，內心要有屢敗屢戰的準備，也要有鐵樹開花的自信。內心要守得住寂寞，要拋得開功利，風吹雨打不動搖。鍥而不捨，方可出類拔萃。

4 一切法行成於忍

一切法行成於忍，無忍辱則佈施持戒均不能成就。
——《金剛經》

忍辱，就是對治嗔恨之心而言的。《金剛經》說：「一切法行成於忍，無忍辱則佈施持戒均不能成就。」佛教認為，「忍耐」與六度的「忍辱」是不同的，忍辱比忍耐的層次更深。

如果不能輕易地忍辱，就先把辱拿回去，慢慢研究，看看這個辱到底是個什麼東西。很多時候，在你想研究的時候，你根本就找不到辱。

現實中一旦遇到挫折和打擊，人們總是嗔念頓起，怒火中燒。要知道，忍辱不是叫你做縮頭烏龜，而是讓你不要因為外界的變化引起內心的變化。為此，你需要不斷修煉自己，不斷強大自己的內心。只要你的內心足夠大，胸懷足夠寬廣，就沒有什麼事情能讓你生氣。不會生氣，「辱」又從何而來？

相傳唐代有位張公藝，幾世同居，闔家和睦。唐高宗要他談談治家訣竅，這老兄一連寫了一百個「忍」字，意思是說，彼此忍讓，是家和之本。

佛教傳說釋迦牟尼佛在修行時，專修忍辱之法，所以他還被人們尊稱為「忍辱仙人」。釋迦牟尼佛在山中修行期間，面對蚊蟲虎豹等侵襲，他一直忍辱而不反抗，以避免嚇了牠們。

有一次，歌利王帶著自己的妃嬪和大臣們到山中打獵，妃嬪們便趁此機會在山中四處遊覽，她們在路上遇到了忍辱仙人，見他長髮長鬍子，面貌十分怪異，就害怕地要躲起來。忍辱仙人叫她們不用驚慌，妃嬪們見忍辱仙人跟她們說話，就好奇地留了下來，問他為什麼會在山裡面。

忍辱仙人答：「我在山中修忍辱行。」放下戒心的妃嬪們便與他交談了起來。

正在這時，在附近打獵的歌利王聽到了他們的談話聲，就走來看個究竟。看到正在暢談的忍辱仙人與妃嬪們，歌利王非常生氣，就問忍辱仙人是什麼人，在山中做什麼？忍辱仙人回答說他在山中修行，為的就是能忍受一切痛打辱罵而不反抗。

歌利王不屑地說：「世上哪有受人打罵也能忍受的？」說完，他就用寶劍割下了忍辱仙人的一隻耳朵，看他是不是真的能忍受屈辱。

當看到忍辱仙人面色坦然、毫無慍色時，不甘心的歌利王隨即又割下了他另一隻耳朵，忍辱仙人說自己仍能忍受。歌利王不相信會有被割耳朵而不生嗔恨的人，於是又割下了忍辱仙人的鼻子，忍辱仙人仍說能忍。歌利王說：「既然你能忍受，我就助你完成道業好了。」於是又砍掉了忍辱仙人的四肢。

可是忍辱仙人只是可憐歌利王的無知，而並沒有對他產生怨恨，他還對歌利王說：「等我成佛時，第一個先度你修道。」

聽到這話，歌利王心中非常羞愧，於是拜忍辱仙人為師，跟著他研習佛道。

「『忍』在佛法修持裡是一個大境界，如想修得大乘佛法，則必須『得成於忍』。」南懷瑾先生說，「忍辱的時候有痛的感覺，有非常痛苦的感受，而心念把痛苦拿掉，轉化成慈悲，這才是忍辱波羅密。到達沒有痛的感覺，那是功夫境界，不能說是忍辱波羅密的功德……極痛而能不痛，那是你真正的智慧成就，你當場就可以把五蘊裡的受蘊與想蘊，都拿開而解脫。學佛也是要學解脫，這個道理我們必須要加以說明。」

《無量壽經》中說：「先人不善，不識道德，無有語者，殊無怪也。」當我們看到許多人為非作歹時，就會覺得難以忍受，不明白為何會有這樣的行為。而佛對此的理解是：他們的父母不懂得仁義道德，沒有好好教導他們，所以他們才會做出一些錯誤的事。我們看到了、聽到了，不能責怪他們，而應原諒他們。如果他們不願聽教導，仍犯過失，一定不要把過失推給別人，而應回頭好好反省，是不是自己教導得不夠好，不夠圓滿。

5 不能改變現狀，就要迅速地接受下來

逃脫痛苦，意指知道脫離痛苦的方法，而不是指從痛苦生起的地方逃跑。那樣做，只不過是帶著你的痛苦一起走罷了。當痛苦生起時，你必須注意它，別只是不理它。

——弘一法師

如果你不能改變現狀，就要迅速地接受下來。

前世界首富比爾・蓋茨有一篇非常有名的文章——《送給大學畢業生的十一條格言》，其中第一條格言就是：「世界是不公平的，要學會適應它！」我們不妨來看看因在中央電視臺講《論語》而紅遍大江南北的于丹教授的經歷。

如今的于丹無疑是個成功人士，但她剛畢業時的起點，遠遠比現在很多大學生低得多。

當時，北大先秦文學專業碩士畢業的于丹被下放到北京南郊一家印刷廠鍛

煉，她每天的工作就是用汽油擦地上的油墨。而之前在學校，她每天和同學們過著風花雪月、詩詞歌賦的愜意生活，現在不僅連一個字都看不到，還有很多體力活要幹，手常常被油墨滾子磨出血，還經常因此被一些工人取笑。

換做一般人，可能根本就無法接受這樣的事實：自己堂堂一個碩士生，到哪裡找不到一份工作？幹嗎要受這樣的罪？可是于丹沒有抱怨，而是選擇適應，為了在工作中儘早體現出個人價值，她很主動地接受領導的安排。

有一次，車間主任拿著一份書稿，問他們誰能做校對。書稿很有價值，但裡面都是古文，一般人看不懂。這時，于丹主動接受了這項任務。

剛開始，主任對她的能力將信將疑，但于丹和幾個同學一起，僅僅花了一下午的時間，就把那本古文校對完了。這一來，于丹和幾位同學在廠裡的地位一下就提高了。因為心態放平了，做什麼都不再覺得辛苦，反而會從中找到樂趣。對於這段時光，于丹一直懷著一份感恩之情，甚至把它視為自己真正讀的一個博士學位。

于丹是在一次講座中談到這段往事的，當時，她對台下聽眾說了這樣一段話：「人不要不停地追問為什麼啊，多不公平啊。我今年老聽人家說，怎麼就我們這撥倒楣孩子趕上金融危機了？我要說，在我們之前好像也沒有帶戶口下放的，我們卻趕上了，你能去改變現狀嗎？不能！所以要迅速地接受下來。在你迷惑不解、怨天尤人、到處追問的時候，有一些機遇已經被別人拿走了。所以要學會接受現狀，但是接受永遠不是消極、被動、唉聲歎氣地去忍受。」

是的，適應世界，學會面對與接受，並不是消極地在世界面前躲避，恰恰相反，是讓我們更能積極地影響世界！弘一法師說：「如果想要瞭解痛苦，你必須洞察目前的情況。無論問題在哪裡生起，它必然要在那兒被解決。痛苦存在的地方正是無苦將生起的地方，它終止在它生起的地方。如果痛苦生起，你就必須在那兒思考，不要逃跑，就在那兒解決這問題。因害怕而從痛苦中逃跑的人，是所有的人當中最愚蠢的。他只會無止境地增加他的愚蠢。」

6 口出怨言只會讓事情更糟糕

心如大海無邊際，廣植淨蓮養身心；自有一雙無事手，為做世間慈悲人。

——黃檗禪師

只要生活在這個世界上，就會遇到各種各樣的問題。小的時候要解決說話、走路、穿衣的問題；上學的時候要解決讀書、寫字的問題；參加了工作，也是爲瞭解決問題而來。此外，還有結婚的問題、生孩子的問題、買房子的問題、購汽車的問題、生病的問題、失業的問題等。可以說，生活中有問題是很正常的事。

如果我們一遇到問題就開始無休止地抱怨，一味沉溺在已經發生的事情中，我們只會活在迷離混沌的狀態中，看不見前頭一片明朗的人生，生活也會失去很多樂趣。

馬雲說：「每個人都希望把自己的企業做得越來越強大，但一遇到問題，他們就會埋怨，埋怨政府，埋怨體制，埋怨社會，埋怨沒有機會，總是埋怨，而自己好像沒有一點問題。」

二〇一〇年，對於中國當前的商業環境所存在的問題，馬雲在接受媒體採訪時說：「今年發生了富士康事件、國美事件、三六〇和騰訊事件。我們每個人在想什麼呢？我們天天想的是打敗競爭對手，整個社會非常浮躁。」

對於已經存在的商業環境和人們的心態，馬雲認為，我們需要不斷地研究自己的姿態和做事方法。他說：「我相信心態不好，姿態一定不好。心態和姿態不好的話，整個生態就會越來越差。也許我們應該停下來做些事情，思考如何把自己的心態調整得更好，如何把自己的姿態做得更好，如何保持商業的生態。比如互聯網，就不是消滅誰，而是完善誰。」

人生就像騎單車，如果不左右調整以保持車的平衡，必定會摔個大跟頭。遇到問題的時候，如果你不善於調整自己，重新把握好平衡，你就將陷入十分被動的局面。

沒有一種生活是完美的，也沒有一種生活會讓一個人完全滿意，不幸會隨時光臨任何一個人。如果你用抱怨對待不幸，它就會纏上你，讓你永遠沒有好日子過，永遠看不到成功和希望。一旦抱怨成爲習慣，它就會把一個不幸複製出若干個不幸。

遇到問題，你要做的是冷靜地分析形勢，調整心態，認真尋找解決問題的方法，而不是一味地抱怨，那樣只會讓你越陷越深，使情況變得愈加糟糕。一個積極的想法，一個果斷的行動，比毫無意義的抱怨要有用得多。

7 能夠任勞，還要任得了怨

能夠任勞，不算有功；能夠任怨，才是有力之人。

——星雲大師

有一天，提婆達多生病。很多醫生前來為他治病，但不能把他醫好。身為他的堂兄弟，佛陀親自來探望他。

佛陀的一個弟子問他：「您為什麼要幫助提婆達多？他屢次害你，甚至要把你殺死！」

佛陀回答說：「對某些人友善，卻把其他人當作敵人，這不合乎道理。眾生平等，每個人都想幸福快樂，沒有人喜歡生病和悲慘。因此，我們必須對每一個人都慈悲。」

於是，佛陀靠近提婆達多的病床，說：「我如果真正愛始終要害我的堂兄弟提婆達多，就像愛我的獨生子羅侯羅的話，我堂兄弟的病，立刻會治好。」話剛說完，提婆達多的病立刻就好了。

佛陀轉向他徒弟說：「記住，佛對待眾生平等。」

除去私心，讓心靈的天空升起一輪慈悲的太陽。忘掉猜疑，忘掉嫉妒，忘掉仇恨，留下的是菩提花果。把他人的成功視爲自己的勝利，你將永遠不會失敗；把他人的快樂當作自己的幸福，你將永遠沒有痛苦。原諒他人的錯誤，你會贏得更多的菩提。心，總是因爲有寬容，才有了清淨。

「人無私心便成佛」。無私是偉大的，一切自私的行爲在它的面前都會無地自容地退縮；無私是純潔的，能化解委屈冰凍的心靈，讓整個世界充滿暖融融的愛意；無私是真誠的，如果你肯這樣對待他人，也會得到他人同樣的回報。

在世間做人做事，要想做到沒有人怨，是不可能的，所以凡事但求無愧我心，豈能盡如人意？能夠任勞，不算有功；能夠任怨，才是有力之人，當你試著待人如己，多替他人著想時，你的善意就會無形之中表達出來，從而感動和影響每一個人。你也將因爲這份善意而得到應有的回報。

8 把吃苦當成吃補

「酸甜苦辣」是人生本味，如果人生想要創造未來，耕耘前途，發展事業，只能吃甜，不肯吃苦，這就不容易有所作為！

——星雲大師

星雲大師在談起福報時說：「當樂的時候應該要節制，不能樂極生悲；當苦的時候，應該要面對苦難，百折不撓，衝過苦關，前途自然柳暗花明又一村。」但是，個人的成就，常常都是從血汗、辛苦、委屈、忍耐、受苦中，點滴累積而成。正如松柏必需受得了霜寒，才能長青；寒梅必須經得起冰雪，才能吐露芬芳！「偉大」，是多少辛苦和努力換來的讚美詞。

弘一法師極敬重見月老人，說「他一生待人接物做事，態度威厲不露恩慈之情，也許有人會認為他過分嚴厲，不近人情。但是末法時代的一些善知識們，多半沒有錚錚剛骨，與世俗隨習同流合污，還自稱是『權巧方便，慈悲順俗』，來掩飾自己。」弘一法師追思起見月老人的往事，「不覺淚水漣漣，深感佛門氣象凋零不振，痛徹肺腑」。

見月老人的言行被記載在《一夢漫言》一書中，下面節選書中的幾處：

「來到平彝衛，出滇南勝境，就與貴州接壤了。走一自孔（亦資孔），進了普安州。又走了幾天，過關索嶺。此嶺地勢極其高峻，周廣有百餘里，嶺巔建有一座軍營，還有關索廟。又走了幾日，過了盤江，山路屈曲，上下陡峻險惡。頃刻之間，大雨滂沱，山澗小溪變成吼聲如雷的山瀑，彎曲的山路都成了河溝，狂風從多方吹來，形成漩渦，單身難以直立。雨水從頭頸瓢潑而下，灌滿衣褲，寒徹肌骨，兩腳橫跨而行，如騎浮囊。解開衣帶瀉水，猶如開閘。像這樣有好幾次。我對各位說：『古人參學，捨身求法，不以為苦。不要因為這場大雨而退了求道之心，將來才好對人家誇耀我們行腳何等英雄！』大家聽了大笑，你扶我攙，相助而行。……

「第二天，上了通向安莊衛的山徑，砂石凸凹，峻嶒盤曲，不覺鞋底磨透，踢踏著難以再穿，乾脆扔掉，光腳走路。走了數十里，天晚才歇息，雙腳腫得沒有了腳踝，疼痛得猶如火燒錐刺。半夜裡想道，身無分文，此處又是孤庵野徑，無處可以化緣，不應在此久留，明早必須動身。又想到世人為了貪求功名富貴，尚且得要忍耐不少辛苦，才能遂願。我們今天為了出家修行，求解脫之道，難道還能因為少了鞋穿就退了最初發下的願心嗎？次日仍舊咬牙強行，開初腳跟痛得不能點地，拄著棍杖踱著走，漸漸走了五六里，就感覺不到還有雙腳，也不覺得痛了。途中又沒有歇息之處，到了傍晚，已走了五十餘里，投宿安莊衛庵中。第二天乞化到了草鞋，試著穿，皮破繭起，我也不管它。……想前人為求佛道，歷盡艱苦。我輩還未曾吃苦，便叫苦不迭，真正慚愧汗流，無地自容……」

世人皆怕吃苦，殊不知三途最苦。地獄、惡鬼、畜生苦不堪言，人道又何嘗能得以倖免？生老病死、愛別離、怨憎會、求不得、五陰熾盛樣樣皆苦。有人言，業因果報，六道輪迴，任誰也逃不脫這個「苦」字。那麼，爲什麼有人能改造自己的命運呢？

印光祖師說得好：「功夫可以勝過根基，全看這人要不要好。」這「功夫」就是吃苦！吃得了苦，才能苦盡甘來。

第八章

心中無嗔，便是淨土

人要保持一顆慈愛的心，除去那些怨恨別人的想法。
因為憎恨別人對自己是一種很大的損失。
惡言永遠不要出自於我們的口中，不管他有多壞、有多惡。
越罵他，心就會被污染得越嚴重。
你要想，他就是你的善知識。
雖然不能改變周遭的世界，但我們能改變自己，
用慈悲心和智慧心來面對這一切。

1不讓嗔怒之火燒傷自己

如果我們瞭解並且看清自己身體的本然，那麼，對於別人的疑惑和猜疑也都會消失。

——海濤法師

佛家認爲「貪、嗔、癡、慢、疑」是五種覆蓋眾生心識，使不能明瞭正道的煩惱，也被稱爲「五毒」。

人一旦有了嗔心，就會失去理智，失去正確的判斷力，「障」就會出現，從而阻礙人們的修行之路。「嗔」是要不得的，一旦沾染上就很難根除，不可不畏懼。

古時有一個婦人，特別喜歡為一些瑣碎的小事生氣。她也知道自己這樣不好，便去求一位高僧為自己說禪論道，開闊心胸。

高僧聽了她的講述，一言不發地把她領到一座禪房中，落鎖而去。

婦人氣得跳腳大罵，只是罵了許久，高僧也不理會。後來，婦人又開始哀求，高僧仍置若罔聞。最終，婦人終於沉默了。

這時，高僧來到門外，問她：「你還生氣嗎？」

婦人說：「我只為我自己生氣，我怎麼會到這種地方來受這份罪。」

「連自己都不原諒的人怎麼能心如止水？」高僧拂袖而去。

過了一會兒，高僧又問她：「還生氣嗎？」

「不生氣了。」婦人說。

「為什麼？」

「氣也沒有辦法呀。」

「你的氣並未消逝，還壓在心裡，爆發後將會更加劇烈。」高僧又離開了。

高僧第三次來到門前，婦人告訴他：「我不生氣了，因為不值得氣。」

「還知道值不值得，可見心中還有衡量，還是有氣根。」高僧笑道。

當高僧的身影迎著夕陽立在門外時，婦人問高僧：「大師，什麼是氣？」

高僧將手中的茶水傾灑於地。婦人視之良久，頓悟，叩謝而去。

有句話說「生氣是用別人的錯誤來懲罰自己」，怒氣可能是因事、因人、因境而生出的。嗔怒是一種情緒化的行爲，在常人看來，嗔怒是非常正常的事情。當我們的自尊和利益受到損害的時候，自然會去責備別人，甚至出現一些不理智的暴力行爲。愚蠢的人會深陷怒火不能自拔，而聰慧的人則會巧妙地化解怒火，不讓嗔怒之火燒傷自己。

2 把「鏡子」轉向自己

觀察它，觀照它，允許它的存在，全然地去經歷它，不要抗拒。你會發現，你的全然接納和全然經歷，會讓它更快消失，甚至轉化為喜悅。

——傳喜法師

古時候，人們都喜歡用腳力極佳的驢子馱運笨重的貨物。驢子的體力雖然很好，但也有著要命的缺點，那就是傳說中的驢脾氣。一頭驢子若是扭了性子，牠的四隻腳便會像上了釘子一樣，固定在地面，一動也不動。無論主人怎樣使勁鞭打，驢子還是會堅持牠固執的脾氣，一步也不肯向前走。

這天，一位老和尚和小徒弟就遇到了這樣的情況。

小和尚面對著不肯邁步的驢子，高高舉起了鞭子。

老和尚趕忙制止了他：「慢！慢！每當驢子鬧脾氣時，有經驗的主人，不會拿鞭子打牠，那樣只會讓情況更加糟糕。」

小和尚忙問：「那該怎麼辦呢？」

老和尚說：「你可以運用智慧，從地上抓起一把泥土，塞進驢子的嘴巴裡。」

小和尚好奇地問：「驢子吃了泥土，就會乖乖地繼續往前走了？」

老和尚搖頭道：「不是這樣的，驢子會很快地把滿嘴的泥沙吐個乾淨，然後在主人的驅趕下才會往前走。」

小和尚詫異地說：「怎麼會這樣？」

老和尚微笑著解釋道：「道理很簡單，驢子忙著處理口中的泥土，便會忘了自己剛剛生氣的原因。這種塞泥土的做法，只不過是為了轉移牠的注意力！這個方法用在驢子身上有效，同樣也適用於人發脾氣的時候。」

當你感覺難過、煩悶的時候，不要對抗自己的負面情緒，只要你能做到優雅地面對它們，這些情緒就會像落日一樣很自然地消失，從而在這種不經意間實現情緒的成功轉向。

發現自己產生負面情緒的時候，不能首先把責任推給別人，而必須學會首先把鏡子轉向自己。

當有負面情緒（生氣、悲傷、鬱悶、煩燥）等不舒服的感受時，你要能覺察到，然後告訴自己：「哦，這是負面情緒。」這時候最重要的就是把注意力放在自己的內在，而不是放在那個引起你負面情緒的人和事物上。

●先觀察一下你自己此刻的肢體動作是什麼

把注意力放在自己的身體上面，可以讓你不至於完全陷入自己的情緒衝突當中。

●試著去看見你在想什麼，就是去觀察自己的思想

如果你能夠傾聽那個內在喋喋不休的聲音，你就是在觀察你的思想。這時候，請你帶著覺知和愛去觀照它。它只是一個思想，不代表你，所以，不要認同它，也不要批判它，只是看著它。

●你此刻有什麼情緒？如何觀照情緒？有些人連自己生氣了都不知道

其實，觀察情緒最簡單的方法就是去觀察你的身體，因爲情緒其實就是身體對你思想的一個反應，只不過有的時候你還沒有覺察到思想，情緒就起來了。

感覺你的身體哪裡緊繃，胃部是否有不舒服的感覺，心中是否緊繃或抽痛，身體是否顫抖，等等，這些都是情緒在你身上作用的結果。

觀察它，觀照它，允許它的存在，全然地去經歷它，不要抗拒。你會發現，你的全然接納和全然經歷，會讓它更快消失，甚至轉化爲喜悅。

3 修煉「定火功夫」

心平氣和四字，非有涵養者不能做，工夫只在定火。

——弘一法師

弘一法師在《格言別錄》中記錄：「呂新吾云：『心平氣和四字，非有涵養者不能做，工夫只在定火。』」

看一個人是不是有涵養，就看他遇事是不是心平氣和。如果一個人沒有「定火的功夫」，遇到雞毛蒜皮的事就發脾氣，那就不能稱爲有涵養。這是弘一法師給我們推薦的簡易識人法，同時也是他爲人處世的座右銘。定火功夫也是一種修養，修養的過程就是戰勝自我的過程。

在日常生活中，我們常會遇到很多情緒激動的人，他們可能心眼不壞，就是遇事容易發火，沉不住氣的壞脾氣十分惹人討厭。喜怒哀樂，屬人之常情，誰都會有，但是動不動就發火會破壞內心的和諧。因此，控制好自己的情緒，修煉一下「定火功夫」是每個人都必須做的。

隨便找個人，請他起立站著，然後要求大夥兒一塊兒動腦子想些方法，目的是要在三十秒內刺激這人。於是，各種答案湧來：「動手揍他！」「罵他豬頭！」「對他動手動腳！」「把他的車子砸毀！」……想法極富創意，不勝枚舉。

要讓一個人生氣其實易如反掌，只要有心，任何一個人都可能在幾秒鐘之內讓你我暴跳如雷。

只有一個例外。

如果身為當事人的你我今早出門時，確切地下定了快樂的決心，告訴自己不論今天發生什麼事，遇到如何不堪的際遇，都不會動搖自己快樂的心境，那麼別人的舉止就無法對我們產生負面的傷害。

有一位青年脾氣暴躁，經常和別人吵架，因此大家都不喜歡他。

有一天，這位青年無意中走到了大德寺，碰巧聽到一位禪師在說法。他聽完後不能參透，於是留下來問禪師：「什麼是忍辱？難道別人朝我臉上吐口水，我也只能忍耐著擦去，默默地承受？」

禪師聽了青年的話笑著說：「哎，何必擦呢？就讓口水自己乾吧。」

青年聽後，有些驚訝，於是問禪師：「那怎麼可能呢？為什麼要選擇忍受呢？」

禪師說：「這談不上什麼忍受不忍受，你就把口水當作蚊子之類的東西，不值得為此大動干戈，微笑著接受就行了！」

青年問：「如果對方不吐口水而是用拳頭打過來，那該怎麼辦呢？」

禪師回答：「這不一樣嗎？不要太在意，這只不過是一個拳頭而已。」

青年認為禪師在胡說八道，終於忍耐不住，揮起拳頭，向禪師的頭上打去，並喝道：「和尚，現在怎麼樣？」

禪師非常關切地問：「我的頭硬得像石頭，並沒有什麼感覺，但是你的手大概痛了吧？」

青年愣在那裡，忽然心有所悟。

面對青年的暴行，禪師毫不放在心上，辱又從何而來？

不要讓外界的變化引起內心的起伏。當我們修煉好了內心，讓內心足夠強大，就沒有事情能讓自己生氣。不會生氣，「辱」又從何來？

所以，快樂是一種決心。只要你我下定這份決心，就能掌握住情緒的主控權，而不至於在瑣碎的生活事件中，糊塗地將心情的決定權拱手讓給別人，並讓周遭的人來定出自己情緒的基調。

開心是一天，不開心也是一天，爲何不開心地過呢?更何況，真正決定我們情緒的，不是發生了什麼事，而是我們對這些事情所做的詮釋。

例如，面對他人的辱罵，如果你認爲「他就是看我不順眼，這是惡意中傷」，那當然就會憤怒不已；然而，如果你把它解釋爲「他今天心情不好，出口重了，但不是衝著我來的」，那麼，不但不會生氣，反而有些替他擔心；而如果你的想法是「這代表他很不喜歡我的做法，太好了，如果保守的他不贊成，就表示我做對了」，那你的反應當然就是暗自高興。

情緒只跟自己有關，只有自己需要爲自己的情緒負責。也就是說，「你讓我情緒不好」這句話是有謬誤的，如果我不允許你讓我生氣，不論怎麼做，你是一點也氣不到我的。同樣，如果我不允許你讓我感到難過，你也無法傷到我的心。

事實的真相是，沒有你的允許，沒有人能影響你的情緒。當你下定了快樂的決心，並願意找回情緒的主控權，你會發現，自己離幸福已經不遠了。

4 認識你的頭腦、心靈和本能

信心為種子，苦行為時雨；智慧為犁軛，慚愧心為轅。正念自守護，是則善御者；包藏身口業，如食處內藏。真實為真乘，樂住無懈怠；精進無廢荒，安穩而速進；直往不轉還，得到無憂處。如是耕田者，逮得甘露果；如是耕田者，不還受諸有。

——《華嚴經》

大家應該認真地自省一下，到底是怎麼迷失了自我？爲什麼會有那麼多的痛苦煩惱？自己的內心是怎麼樣被撕得四分五裂的？

如果你想清楚了這些問題的根源，那麼你便能清楚地認識自己，來進行自我治療，解除心中的苦悶。

人類所有行爲的動機，歸結起來，來自於三個方面：第一是頭腦，第二是心靈，第三是本能。

當提到頭腦、心靈、本能的時候，大家可能會覺得這很容易理解，其實不然。你真的理解當你行爲處事的時候，是哪一方面在支配你麼？你真的瞭解頭腦、心靈、本能所帶給你的真實感受麼？

有一天，佛陀去一座村落化緣，在村邊碰上了一位婆羅門農夫。當時已近中午，婆羅門農夫正在分送食物給五百位犁田的工人，見佛陀正托著缽遠遠走過來，他故意大聲為難佛陀說：「佛陀，我今天努力耕田下種，才能得到食物，你也應該像我一樣耕田下種，才有資格得到食物呀！」

聽了他的話，佛陀並不生氣，只是說：「我也是耕田下種來獲得我的食物的呀！」

婆羅門農夫說：「我們從沒看到過你下田耕作，你說你也下田，那麼你的犁在哪裡？你的牛在哪裡？你的牛鞭又在哪裡？你播的是什麼種子？你又是如何耕田的？」

於是，寬容慈悲的佛陀為咄咄逼人的婆羅門農夫和圍聚在旁的工人們說了一首偈：

信心為種子，苦行為時雨；智慧為犁軛，慚愧心為轅。

正念自守護，是則善御者；包藏身口業，如食處內藏。

真實為真乘，樂住無懈怠；

精進無廢荒，安穩而速進；直往不轉還，得到無憂處。
如是耕田者，逮得甘露果；如是耕田者，不還受諸有。

這首偈譯成白話就是：

信心是我播的種子，苦行是灌溉的雨水；
智慧是我所耕的犁，慚愧心是我的車轅。
我以正念守護自身，如同駕御我的耕牛；
抑制身口意的惡業，就像我在田裡除草。
我用真實作為車乘，樂住其中而不懈怠；
精進耕作而不荒廢，並且安穩快速前進；
我一直前進不退轉，到達了無憂的所在。
這才是真正的耕田，能耕植出甘露果實；
這才是真正的耕田，不再受輪迴的痛苦。

想要真正瞭解自己，瞭解自己是怎麼迷失、如何分裂的，你首先就要弄清楚頭腦、心靈、本能這三個方面分別代表著什麼，以及它們之間有什麼樣的關聯。

每個人實際上都有三副面孔。

第一副面孔是**本能**。本能是人們最直接、最原始的一面，是人們作爲一個生靈而天生具有的需求和欲望。這是人與動物共同具備的，也可以說是人在進化過程中還未泯滅的甚至無法消除的獸性。人的本能的面孔，也是一張寫滿了欲求的面孔，這張面孔是我們不願意拿出來示人的。世間的人大多如此，越是欲望強烈，越是隱藏得深。人們在以本能面孔出現的時候，往往是在黑暗之中，不願讓人察覺，不願讓人發現。似乎本能的欲望是爲人所不齒的，所以人們習慣了把本能的欲望在暗地裡進行，儘量不將其暴露。

所以，本能的面孔是非常隱秘的。

第二副面孔是**心靈**，這是我們情緒化的一面。在我們的生活中，情緒化的面孔時隱時現。有些時候，情緒會控制得好一些；可有些時候，情緒又難以控制。心靈是最難以捉摸的，它不能像頭腦一樣用正常的邏輯思維去判斷。每個人的感受力不同，有些人的心靈比較敏感，可能會比較多地流露出自己的情緒；有些人可能感受力不太強，或者他的頭腦常常壓制著自己的心靈，所以會比較少地顯露出自己的情緒。

所以，心靈的面孔在生活中是時隱時現的。

再來看這第三副面孔，**頭腦**。頭腦這副面孔，唯恐表現不及。頭腦代表的是我們的知識、才智，聰明才智當然要展示在眾人面前。在我們這個社會中，頭腦靈活的人往往比心靈豐富的人更有市場。做家長的，喜歡頭腦聰明的孩子；做老闆的，喜歡頭腦靈活的職員……周圍的環境教育人們要積極地展示頭腦這副面孔。

這三副面孔，包含了我們一切行動的根源，人們不斷地遊離在頭腦、心靈和本能之間，不斷地轉換著這三副面孔。只有各司其職、互相扶助，才能達到和諧的狀態，我們的身心才能得到平衡。

5將壓抑「說」出體外

愛產生愛，恨產生恨。若以怨報怨、以惡待惡，將會形成惡性循環。

——《四十二章經》

如果內心的苦悶和煩惱長期鬱積在心頭，就會成爲沉重的精神負擔，這種壓力是會損害身心健康的。英國權威心理醫學家柯利切爾認爲：積貯的煩悶憂鬱就像一種勢能，若不釋放出來，就會像定時炸彈一樣，埋伏在心間，一旦觸發就會釀成大禍。若及時加以發洩或傾訴，便可少生病、保健康。所謂將壓抑「說」出體外，指的就是傾訴，就是將自己的喜怒哀樂，尤其是怒和哀，毫無保留地傾吐出來。這是一種感情的排遣，也是一種心理調節術。

《黃帝內經》中也有過這樣的記載：「思傷脾，憂傷神，恐傷骨。」「悲哀愁憂則心動，心動則五臟六腑皆搖。」

現代醫學研究也發現，癌症、高血壓、心血管等疾病的誘發病因有很大一部分是因爲人的抑鬱、焦慮等不良情緒在人體內的長期積壓。也就是說，當一個人被心理負擔壓得透不過氣來的時候，就容易患上各種疾病。反之，如果有人真誠而又耐心地來聽他的傾訴，他就會有一種如釋重負、一吐爲快的感覺。這種心理上的應激反應可以使內心的感情和外界刺激取得平衡，這也就是現代心理學中所說的「心理嘔吐」。

心理專家指出，傾訴是緩解壓抑情緒、釋放壓力的有效手段，也是防治各種疾病，尤其是防治心血管病和腫瘤的良藥。善於傾訴的人，心理往往更健康。

但是，有很多人並不願意將自己的不快傾訴給別人。在他們看來，向別人訴苦是懦弱、無能的表現，有可能會引起別人的嘲笑；而且，如果對方對自己所傾訴的內容不感興趣、不關心、不理解，他想獲得心理安慰的希望就會落空，不但原有的問題沒能解決，還會徒增新的苦惱；此外，他們也擔心把自己的秘密告訴別人會有安全隱患，說不定哪一天傾聽者會把自己的事情當作茶餘飯後的談資公之於眾。

余建和女友剛剛分手，內心很痛苦。

在一次同事聚會上，他喝醉後和一個同事提起了這件事，沒想到那個同事竟然嘲笑他把感情看得太重，不是男子漢，而且還同另一個同事一起笑他。

這讓余建覺得非常憤懣，他從此再不敢對別人提這件事。不久，他的前女友與另外一個男子結婚了，余建深受打擊，甚至有了輕生的念頭。

余建的傾訴不僅沒能起到緩解傷痛的作用，反而讓他更加苦惱了，其重要的原因就在於，他沒有選擇好傾訴的對象。並不是所有人都可以成爲你的傾訴對象。如果你選對了傾訴對象，結果就會完全不一樣。那麼，該如何選擇合適的傾訴對象呢？

第一，此人必須值得信賴，能夠爲你保密，不會做你的「義務宣傳員」。

第二，此人可以不作任何評價，僅僅爲你提供一個包容的環境，做一個寬容的聽眾。他會認真地聽你說話，不論你說出怎樣的想法，他都認爲可以接受和理解。這會讓你有一種安全感，促使你自由地表達自己的想法，說不定還會引起你自己的思考，讓你換一個角度看問題。

第三，此人會給你一些真誠的鼓勵，比如「沒事的，有我在呢」，「不要怕，沒有你想得那麼難」，「別多想了，愛你的人還有很多」，「千萬別這麼想，這種困難很快就會過去的」，「再堅持一下，也許過了今天就會好的」，等等。這些看似簡單的話，在傾訴者心裡能起到意想不到的積極作用。

第四，此人也可以幫你分析產生不良情緒的原因，換一個新的角度來看待自己痛苦的經歷，並提供一些積極的觀點，進而和你一起找出解決問題的辦法，這樣，你的情緒就能得到有效的調節，你也會從中得到成長和超越。

第五，最有效又安全的傾訴對象，就是心理醫生。心理醫生的職業素養要求他們爲諮詢人員的隱私保密。而且，心理醫生一般情況下是與你的生活圈完全沒有重合的陌生人，沒有必要去四處宣揚你的隱私。此外，他們還能從專業的角度給你一些指導。在心理諮詢時，醫生大部分時間是在聽。患者在宣洩一頓情緒後，病情就能緩解一大半，此時，醫生再適當進行一些暗示和引異，壓力就會減小很多。

除了要選擇合適的傾聽者之外，還要注意時機，切不可只顧自己的需要，不顧對方的感受。你最好先問一聲「最近很煩，想和你聊聊天，你有空嗎」，得到肯定回答後再說不遲。最好不要在會有熟人出現的地方交談，交談前最好能消除一切可能會引起干擾的因素，哪怕是一隻聽不懂話的小狗也不要。總之，要保證談話的私密性，以保證雙方能在交談過程中專注在這件事情上。

在「宣洩」完畢的時候，你還要記得一定要對對方表示謝意，畢竟你佔用了別人的時間，獲得了別人的幫助。另外，還有一項非常重要的提示——千萬別把自己變成「祥林嫂」。絕不要把自己的痛苦和煩惱廉價地販賣給每一個人，否則你會遭受同「祥林嫂」一樣的命運——旁人的麻木、鄙夷和敬而遠之。

6 真正從內心去原諒別人

耽溺與後悔、沮喪與昏沉、眷戀以及猶豫不定是大盜賊，它們盜取了你無限的增上財富。

——慧律法師

作爲一個人，一定要保持一顆慈愛的心，除去那些怨恨別人的想法。因爲憎恨別人對自己是一種很大的損失。惡言永遠不要出自於我們的口中，不管他有多壞、有多惡。你越罵他，你的心就會被污染得越嚴重。你要想，他就是你的善知識。雖然我們不能改變周遭的世界，但我們能改變自己，用慈悲心和智慧心來面對這一切。

佛說：一個人如果不能從內心去原諒別人，那他就永遠不會心安理得。

十年前，寺院裡有一個惹人喜愛的小沙彌，但他卻在一天夜裡偷偷下了山。從此，他沉迷在紅塵世界中，盡情地放浪著自己。

十年後的一個深夜，已到中年的他陡然驚醒，忽然對十年來渾渾噩噩的生活懺悔起來，繼而急急趕往山上的寺院去找自己當年的師父，求取他的原諒：「師父，你能原諒我，再收我做一回弟子嗎？」

方丈看著這個讓他失望透頂的弟子，堅決地搖頭。「不！要想我寬恕你，」方丈信手一指佛堂門外的石桌說道，「除非那石桌上會自己開出花來。」說罷，方丈便轉身離去。

見師父態度堅決，中年人只好絕望地離開了寺院。

奇蹟就在當天晚上發生了。當方丈一早開門的時候，他驚呆了：石桌上真的開滿了大簇大簇五顏六色的花朵，那些盛開的花朵簌簌搖擺著，每一朵都芳香逼人，似乎是在急切呼喚或宣講著什麼。

方丈在一瞬間大悟。

他連忙派人下山去尋找那個弟子，卻始終沒能找到。

石桌上那些奇蹟般綻放的花朵，也在短短的一天時間內凋零了。

方丈圓寂之前對身邊的弟子們說：「你們千萬要記取我的教訓。在這個世界上，沒有什麼歧途是不可以回頭的，也沒有什麼錯誤是不可以改正和原諒的。一個真心向善的念頭，便如石桌上開出的花朵一樣，是世上最罕有的奇蹟。」

方丈的遺言令他的弟子們都陷入了沉思。

原諒生活中的所有，對受到的傷害不在意，是一種大度與寬容的氣魄。沒有寬廣的胸懷和氣度，是很容易做出一些讓自己後悔莫及的決定。

忘記你所受到的不公，忘記對他人的怨憤，最終最大的受益者只會是你自己。當你忘記了怨憤，學會了遺忘和原諒，你就會發現，原本你所認為的那些所謂的不公，其實根本不值一提，因為它們在你的一生之中是那麼的微不足道。而你同時也會認識到，拋開對他人的怨憤之心，你所獲得的快樂是你這一生都享受不盡的。

忘記對他人的怨憤之心，是智者的做法。如果你還沒有學會遺忘和原諒，那麼從現在開始，你應該要求自己，甚至應該強迫自己，不要怨恨別人。

7 笑，世界跟著你笑；哭，就只有你自己哭

凡夫看佛菩薩，佛菩薩也是凡夫；佛菩薩看凡夫，凡夫也是佛菩薩。

——淨空法師

關緊門不跟人說話，嘟著嘴生悶氣，鎖著眉頭胡思亂想，結果心情更壞、更難過。人在心情不好的時候會不自覺地把壞心情抱得更緊。所以，人要學會放下壞心情，拒絕讓它折磨自己。

下決心割捨掉壞心情，才能給好心情騰出地方。想要有個好心情，就要從壞心情中解脫，從煩惱的死胡同中走出來。

有個女人每天總是愁眉苦臉，一件小小的事情就能讓她變得煩躁不安、心情緊張。孩子的成績不好會令她一整天憂心，丈夫幾句無心的話會讓她黯然神傷。她說：「幾乎每一件事情都會在我的心中盤踞很久，造成壞心情，影響生活和工作。」

有一次，她有個重要的會議，但是沮喪的心情始終揮之不去，一副無精打采的樣子。她打電話問朋友：「該怎麼做？我的心情很沮喪，我的樣子很憔悴，沒有精神，怎麼參加重要的會議？」

朋友給她出主意：「把令你沮喪的事放下，洗把臉，把無精打采的愁容洗掉，修飾一下儀容以增強自信，想著自己就是得意快樂的人。注意！裝成高興充滿自信的樣子，你的心情就會好起來。很快，你就能談笑風生、笑容可掬了。」她照著去做，當天晚上在電話中她告訴朋友說：「我成功地參加了這次會議，爭取到了新的計畫和工作。我沒想到強裝信心，信心真的會來；裝著好心情，壞心情自然消失。」

懂得改變情緒，才能改變思想和行爲。思想改變，情緒也會跟著改變。美國加州大學心理學家艾克曼曾做過一個實驗，要受試者裝出驚訝、厭惡、憂傷、憤怒、恐懼和快樂等表情。研究發現，受試者的身心也會跟著他們的表情發生變化。當受試者裝出害怕的樣子時，他們的心跳會加速，皮膚溫度會降低，表現出其他五種情緒時，也會有不同的變化。我們怎麼裝，心情就會怎麼改變。確實，即使只是裝作快樂，憂傷也會離你而去。

8不受別人言語挑撥

兩舌若是受人挑撥離間，以粗暴的語言傷害他人，以假話欺騙他人，便是極大的惡行。

——阿那律大師

如果人能把外界的閒言碎語當作耳畔清風，由它來去，我自巍然不動，就能除卻很多煩惱，擁有一個清靜的人生。《論語》告訴我們，顏回不貳過，曾子三省吾身，子路聞過則喜，孔子則曰：「吾未見能見其過，而內自訟者也。」可知儒家亦極重視「知過」的功夫。佛門亦告訴我們，要「常見自己過，不說他人非」，也就是要我們時常反省檢點自己的過失，不要談論別人的是非。

弘一法師說：「明朝楊椒山先生曾說：人言：『某人惱你謗你。』則云：『他與我平日相好，豈有惱謗之理？』我們若有如此寬大的心胸，不受別人言語挑撥，必能化解對方的怨恨。」

有一個小和尚，因為師兄弟們老是說他的閒話，他為此感到非常苦惱。各種各樣的閒話讓他感覺很不自在。即便是念經的時候，他的心也總在那些閒話上。他實在無法忍受，跑去找師父告狀：「師父，師兄弟們老說我的閒話。」

「是你自己老說閒話。」師父雙目微閉，緩緩說道。

「他們多管閒事。」小和尚不服地辯解。

「不是他們多管閒事，是你自己多管閒事。」師父仍然沒有睜開眼睛，平靜地說道。

小和尚又說：「他們瞎操閒心。」

師父說：「不是他們瞎操閒心，是你自己瞎操閒心。」

「我管的都是自己的事啊！師父為什麼這麼說我呢？」

「操閒心、管閒事、說閒話，那是別人的事，別人說別人的，與你何干？而你不好好念經，老想著別人操閒心，難道不是你自己在操閒心嗎？老管別人說閒話的事，難道不是你自己在管閒事嗎？老說別人說閒話，難道不也是你自己在說閒話嗎……」

師父話音未落，小和尚已經茅塞頓開。

我們阻擋不了別人說閒言碎語，但是我們可以對這些閒話採取豁達和漠視的態度，這樣，我們的生活才會輕鬆自如。

9 正念，能使我們剎住嗔心

正念就如車子的剎車一般，沒有正念的生活是非常危險的。

——弘一法師

弘一法師說：「一旦放棄你的見解，你就將脫離危險。要淨化生命、滅除苦痛、進入聖道，以及覺悟而解脫苦海的唯一方法，就是正念。唯有正念，能使我們覺察到嗔怒的生起。正念就如車子的剎車一般，沒有正念的生活是非常危險的。我們毋須去改變我們的生活形態，要改變的是我們對周遭及內心所發生的事，以及自我態度、反應和理解的方式。」

對每個人來說，正向思考（正念）都是一種強大的力量。它不僅能夠讓我們的心智變得堅定、積極，而且直接作用於我們的身體，使我們獲得心靈、身體的雙重支持。

經科學家研究證明，正向思考的神經系統所分泌的神經傳導物質具有促進細胞生長發育的作用。因爲人體的神經系統與免疫系統相互關聯，所以在人們展開正向思考時，身體的免疫細胞也會同樣變得活躍起來，並繼續分化出更多的免疫細胞，使人體的免疫力增強。所以，一個積極面對生活、對身邊一切經常採取正面思考的人，更不容易生病，更容易獲得長壽、健康的人生。

另外，研究學者寇菲也指出：人們在挫折面前，有超過九成的人會有退縮、攻擊、固執、壓抑等反應，而善於運用正向思考的人會有這些反應的比率則低於一成。

美國心理學家馬丁・塞利格曼也曾對修女做過一項關於快樂和長壽的研究。被納入研究範圍的一百八十位修女幾乎都過著有規律的與世隔絕的生活，不喝酒也不抽煙，幾乎吃著同樣的食物，都有相似的婚姻和生育歷史，社會地位以及享受到的醫療照顧基本相同，但是這些修女的壽命和健康狀況差別仍然很大。其中有人年紀接近百歲仍然身體健康，而有人則在年過半百時就患病而終。

後來塞利格曼發現，那些壽命較長的修女總是擁有著快樂、積極的生活態度。一位九十八歲的修女曾在她的自傳中寫道：「上帝賜給我無價的美德使我起步容易。過去一年在聖母修道院的日子非常愉快，我很開心地期待正式成爲修道院的一員，開始與慈愛天主結合的新生活。」

這位修女的健康與長壽很大程度上得益於她樂觀的心態。

可見，正向思考帶給我們的力量是由心至身的，也是巨大的、不可替代的。它帶給我們無限向上的力量，讓我們即使面對逆境也能保持樂觀、積極的心態，不會因爲遭遇困難而怨天尤人、一蹶不振，更不會鬱悶成疾，它是可以經由我們自行製造的健康保護傘、心理調節器。

理解和轉化痛苦，需要你一步一步地去深觀痛苦本身——就像科學家在實驗室從事科學研究一樣。你必須意識到，身體內的痛苦並不是某種你只能從外部觀察的東西：你就是痛苦的一部分或痛苦本身。人與自身的痛苦是一體的，好比科學觀測者和他研究調查的物件也是一體的。這種結合是轉化和釋放苦痛的關鍵所在。

舉個例子，要想認識你自己對於肥胖的羞恥感，就必須承認和接受：意識到肥胖問題後，你是尷尬的、生氣的，甚至絕望的。只有和痛苦融合在一起，你才能真正地體會它。要承認這種感覺的存在，而非試圖去排斥或拒絕它。告訴自己，你能看清痛苦的根源，並找到解脫之道。

那麼，究竟該如何做一名自身痛苦的「深觀者」，並達到解脫呢？答案就是正念修行，通俗地說就是正向思考。

歸納來看，正念，所具備的特質主要體現在以下三個方面：

●能夠坦然面對現實

現實也許並不總是像我們想像得那樣美好，難免會上演悲傷與落寞。逃避現實只能讓它們越來越近，唯有面對，你才能獲得與之抗爭的勇氣與力量。

●擁有深信「生命有其意義」的價值觀

任何一個生命個體都有其獨特的意義，完全地發揮生命的內在力量，並將這些力量服務於社會，貢獻於世界，那麼，每個生命都可以閃現出耀眼的光芒，獲得世界的認可。

●即時解決問題的驚人能力

行動是一切事物得以實現的重要因素，如果只說不做，再多的思考也是徒勞。具備解決問題的驚人能力，才能獲得推動事物發展的實力。

正向思考者所具備的特質僅僅三條而已，卻概括地詮釋了人們駕馭自我、實現生命完整價值的過程：樹立信心、堅定信念、實施行動。

第九章

修口業——謙遜、沉默與讚美

一個不懂得用心傾聽的人，
通常也是不尊重別人觀點和立場、孤傲自大的人，
這種人無可避免地會成為他人反感的對象。
用心傾聽是對說話者的尊重，
不僅是維繫人際關係、保持友誼的方法，
更是解決矛盾衝突和處理抱怨的最好方法。

1 良好的口業是成功的修行

語言，要像陽光、花朵、淨水。
——星雲大師

所謂：「良言一句三冬暖，惡語傷人六月寒。」語言是傳達感情、溝通交流的工具，但是如果運用不當，雖是出自無心，也會成爲傷人的利器。

現實的生活中有一種人，專好推波助瀾，把別人的是非編得有聲有色，誇大其詞地逢人就說。不知道世間有多少悲劇由此而生。你覺得自己不是這樣的人，但在你談論別人的短處時，也許禍患的幼苗已經在不知不覺中種下。

想要有一個好的口才，最好給自己定下一條戒律：除了頌揚別人的美德，永遠不要把議論別人的短處來污辱你的口、污辱你的人格，否則，你將永遠找不到一個願意和你接觸的朋友。

星雲大師說：「多年以前，曾經在一篇文章裡讀到這麼一句話：『語言，要像陽光、花朵、淨水。』當時感到十分受用，於是謹記心田，時刻反省，隨著年歲的增長，益發覺得其中意味深長。」

語言非常重要，說不定哪一句話說得不對，或是說得讓人聽著刺耳，就會得罪別人。所以，我們在交談的時候要慎重。

首先，態度要誠懇，只有這樣才會有一個雙方都樂於溝通的氛圍。態度傲慢並不能表現你的優越感，反而會暴露出你缺乏修養，這是交談的一大禁忌。但親切友好的態度則會讓對方甚至對手心裡放鬆，讓他願意與你暢談、傾訴。

其次，說話的時候語言要文明，這一點相當重要。使用文明語言既是對別人的尊重，也是對自己的尊重。在說話前，先將粗話、髒話、黑話、葷話、怪話等在腦子裡過濾掉再開口，否則，一句話沒說對，就可能會鬧得大家不歡而散。另外，隱私和敏感話題也要儘量少談及，以免讓對方感到尷尬和不快。

最後，還要注意肢體語言，這一點非常重要。目光注視對方，表情要自然，要不時地點頭，適時地微笑。有些時候，我們需要與對方保持適當的距離，不能太遠，否則會聽不清彼此之間所要交談的內容，也不宜太近，以免給對方造成壓迫感。

人世間沒有十全十美的人，因爲凡人皆有其長處，也難免有短處。在談話時，你要極力避免說別人的短處，否則，不僅會使別人的尊嚴受到損害，也會將你的品德缺陷暴露出來，所謂「一言折盡平生福」就是這個意思。

2 說出別人愛聽的讚美

即使我們一無所有也可以給予別人的一種東西，那就是讚美。

——證嚴法師

我們身邊的每個人，當然也包括我們自己，都希望受到周圍人的讚美，希望自己的價值得到肯定。雖然我們都處於一個極小的天地裡，卻自然地認爲自己是這小天地中的重要人物。對於肉麻的奉承，我們會感到厭惡，但又渴望得到對方由衷的讚美，別人也一樣。學會了讚美，有時可以絕處逢生。

十九世紀初，一個窮困潦倒的英國青年一篇又一篇地向外投寄稿件，卻一次又一次地被編輯退回。

正當他快要絕望時，他意外地收到了一位編輯的來信，信很短：「親愛的，你的文章是我們多年來夢寐以求的作品，年輕人，堅持寫下去，相信你一定會成功的！」正是這幾句讚美的話，給了絕望的青年勇氣、力量和信心，讓他堅持了下來。幾年之後，這位年輕人成為了一代文學巨將，他就是狄更斯。

也許，那位編輯壓根兒就沒有想到，就是他那封三言兩語的信，竟會讓一個人絕處逢生。

還有一位作家達爾科夫，他在孩提時代極為膽怯、害羞，幾乎沒有什麼朋友，對什麼事都缺乏自信。

一天，他的老師佈置作業，讓他們給一篇小說寫續文。

長大後，他已無法回憶他寫的那篇續文有什麼獨到之處，或者老師給的評分究竟是多少，但他至今仍清楚地記得，而且永生不忘的是老師在他的作文的頁邊空白處寫了四個字：「寫得不錯。」這四個字改變了他的人生。

在中學剩餘的日子裡，他寫了許多短篇小說，經常將它們帶給這位老師評閱。在她不斷給予的鼓勵下，達爾科夫成為了中學報紙的編輯，最終成為了一名作家。

「一句讚美的話能當我十天的糧。」馬克・吐溫的這句話形象地說明了讚美的作用和力量。人類天性渴望被認同，每個人天生都渴望得到他人的讚賞。

美國總統林肯說：「人人都需要讚美，你我都不例外。」

心理學家威廉・詹姆斯也說：「人性中最本質的願望就是希望得到讚賞。」

行爲專家認爲，讚揚能促使一些行爲重新出現。當大腦接受到讚揚的刺激，大腦皮層形成的興奮狀態就會調動起各種系統的積極性，潛在的力量能變成了現實，行爲就會發生改變。

在生活中，很多時候，一個微笑，一聲讚美，一句鼓勵，再簡單不過，給人的感受卻溫暖如三月的陽光。所以，請不要吝惜你的讚美之詞。

但是，怎樣才能做到會讚美呢？

●真誠是前提

讚美應該是以真誠爲前提的，虛僞和做作只會讓讚美顯得蒼白無力。虛假的讚美不僅達不到想要的結果，還會讓人認爲是諷刺挖苦或者是溜鬚拍馬，讓人感到厭惡。俗話說：「心誠則靈。」真誠地讚美來自內心深處，是心靈的感應，是對被讚美者的羨慕和欽佩，能使對方受到感染、發出共鳴。

●具體是真諦

讚美應該是針對某個人或某件事而言的，空洞的讚美只會讓人覺得虛僞。過於籠統、空泛、抽象、缺乏具體內容的讚美則會讓人感到不舒服。例如，第一次見到某人，就對他大加讚美：「你真是個無比聰明、了不起的人物。」會讓別人對你的第一印象大打折扣。如果在讚美之前加上一些定語，把要讚美的話語具體化，效果就會大有不同。如「聽說你的文采不錯，思路開闊，文筆犀利，直切要害，你真是個才子呀！」就要好得多。

準確是靈魂

準確是讚美的靈魂。所以，讚美時不要張冠李戴，以免鬧出笑話。比如，一個媽媽讚美別人的兒子英語成績比自己的兒子好：「你看人家某某，比我們家老二強多了，不用說廿六個字母，就連四十八個音標都背得滾瓜爛熟。」這樣的讚美真是讓人哭笑不得。

及時是雨露

人人都需要被讚美，這是人性使然。當下屬在工作中有突出表現時，上司要及時地給予讚美；當孩子考試成績有進步時，家長要及時地給予讚美；當朋友有了某方面的成就時，也要及時給予讚美。這樣，你的人際關係就會越來越好。

3 傾聽是獲得他人好感的關鍵

傾聽是獲得他人好感的關鍵，用心地傾聽他人話語勝過在眾人面前口若懸河、滔滔不絕。

——大慧普覺禪師

有個整日坐在王座上的國王，一天，他收到了鄰國王子送來的三個一模一樣的金人，使者說王子要請教國王一個問題：三個金人哪個最有價值？回答正確的話，這三個金人將全部歸國王所有，回答錯誤的話只可獲得一個金人。

這可有點難住國王了，因為無論是稱重量還是看做工，它們都是一模一樣的。

最後，一位智慧的老臣拿著三根稻草走到金人面前。他把一根稻草插入第一個金人耳朵裡，稻草從另一邊耳朵掉了出來；接著，他又將一根稻草插入第二個金人的耳朵裡，結果稻草從嘴巴裡掉了出來；最後，他把第三根稻草插入第三個金人耳朵裡，稻草掉進了肚子裡。

老臣說：「最有價值的是第三個金人！第一個金人是左耳朵進，右耳朵出；第二個金人是用耳朵聽了，用嘴巴說出來；第三個金人則是用心去傾聽。」

使者默默無語，答案正確。

一對會傾聽的耳朵勝過一張能言善辯的嘴。

那些整日在他人面前喋喋不休的人，總顯得鋒芒畢露、誇誇其談、油嘴滑舌，話說多了，還有可能禍從口出。而靜心傾聽卻沒有這些弊病，而且益處頗多。用心傾聽別人說話，別人會覺得你謙虛好學、誠實可靠、善解人意。善於傾聽的人常常會有意想不到的收穫：蒲松齡因爲虛心聽取路人述說，寫下了《聊齋志異》；唐太宗因爲能夠傾聽魏徵等人直諫，成就了大唐盛世；劉玄德因爲恭聽諸葛亮之言，而問鼎三國。

一個不懂得用心傾聽的人，通常也是不尊重別人觀點和立場、孤傲自大的人，這種人無可避免地會成爲他人反感的對象。用心傾聽是對說話者的尊重，它不僅是維繫人際關係、保持友誼的最有效的方法，更是解決矛盾衝突和處理抱怨的最好方法。

4說得越多，人們記得越少

選字得當、善加組合的談話，能帶給聽者極大的滿足。說得越多，人們記得越少。

——傳喜法師

當今社會，沉默是金這種理論正逐漸被顛覆。從開始的贊同到後來的反對和大加批駁，在現代人的眼中，沉默是一件消極的事情，是談話的大忌。人們每每聚在一起，都會想方設法發出點聲音。比如，去親戚朋友家作客，一般情況下，大家會第一時間打開電視，或邊聊天邊看，或乾脆沉浸於電視之中，傾聽電視「說話」，被電視節目控制著。電視上的某個節目大罵演藝圈，大家也跟著罵兩句；電視上某個熱門節目鬧點笑話，大家就跟著笑幾聲。幾個小時下來，看似氣氛不沉悶，可是彼此真正交流的時間沒多少。

再親近的朋友與親戚，都不可能每分每秒喋喋不休地講個不停。不講話時，會有一段時間很沉默。但沉默未必是壞事，適度的沉默，不但不會令談話降溫，還能使彼此的交流更順暢。

沉默是一種無聲的語言，並不是所有的對話都保持持續狀態才有意義。一般來說，一個人如果重複並且長時間聽一個話題，注意力就會逐漸分散，進而厭煩對方的談話，最終導致「你說你的，我走神你也不知道」的局面。這樣的對話看似在進行，實際卻在受阻。因此，一旦遇到這種情況，突然的沉默就能發揮作用了。談話者可以突然沉默不語，這樣聽者自然就會把注意力轉移到你身上。

聽話者也可以利用突然沉默這一策略打斷對方的談話，引出自己想談的話題。這樣既能使談話的人反省，又不會傷害到他的自尊。比如，在辦公室中，一位同事將自己的一件事重複說了好幾次，你已經聽得耳朵起繭了。但作爲同事，遇到這種情況，你不能直接對他說「你已經說了好多遍了」，這樣做會傷害他的自尊；可如果繼續聽下去，你的心情真的不太好。因此，當他滔滔不絕時，你不妨突然沉默不作任何回應，讓他自覺停止談話，然後你再趁機巧妙轉移話題。

突然沉默之所以能終止那些讓你感到厭煩的話題，是因爲你的沉默讓對方感到意外，他會在心裡嘀咕：「爲什麼這人一點反應都沒有？是在想別的，還是不想聽我的？」帶著這樣的疑問，對方不得不停下他喋喋不休的說辭，想辦法找些你喜歡的話題來說。

有時候，沉默的確是金，更是一種傾聽的技巧與智慧，在一定程度上甚至具有恭維效果。一味爭辯、搶奪別人的話，會讓人有一種不被尊重的感覺，這並不能給你帶來什麼好處。而適當的沉默則是一種傾聽智慧，它在幫你贏得人緣的同時，也征服了所有人的心。

心理學上有個名詞叫「心理定勢」。即當一個人心裡有事或有想表達的話題時，就會啓動其心理定勢準備講話，直到他把事情全部說完，他的心理定勢才會轉而傾聽別人的話語。所以，你要想讓別人傾聽你，首先必須做到不隨便打斷別人說話，也不隨便插話，學會耐心聽對方講話。這麼一來，對方會有一種你很注意聽他說話的感覺，認為你尊重他的意見，等他說完之後，他自然會想聽聽你的想法。

如果你要發表觀點，最好能做到即便話語遭到反對，或某人要發牢騷時，也耐心地聽對方把話講完，並詢問對方是否還有別的事情要說。這樣做，有助於消除對方的抵觸情緒，使他意識到你對他的觀點有興趣。

5 有功績而又十分謙遜的人，身價定會倍增

誠懇可以感動人，謙虛可以說服人。

——趙州禪師

古人有「滿招損、謙受益」的箴言，告誡世人要虛懷若谷，對人對事的態度不要驕狂，否則就會使自己陷於四面楚歌的境地，被世人譏笑和瞧不起。法國資產階級啓蒙思想家孟德斯鳩也說過：「謙虛是不可缺少的品德。」

美國總統柯立芝以謙遜聞名。在阿默斯特大學的最後一年，他獲得了一枚金質獎章，它是由美國歷史學會頒發的最高榮譽。這在全美國來說都是人人欣羡的，可他沒有向任何人炫耀，甚至連自己的父母都沒有說。畢業後，聘用他的裁判官伏爾特無意中從以前的一份雜誌上發現了這一記載，這使他對柯立芝倍加讚賞與青睞，不久便給了他一個很重要的職位。

從一名小小的職員一直成長為著名的總統，柯立芝一直以這種虛心謙遜的風

貌出現在大眾面前。

下面一件事，從表面上看與柯立芝謙遜的美德相反，但仔細分析，其實質仍是出於謙遜。

在柯立芝從事麻省省議員連任競選的時候，在進行投票的前一晚，他將一個小而黑的手提袋包裝好，急步向雷桑波頓車站走去，因為他忽然得到了省議會議長一席空缺的消息。兩天以後，他從波士頓歸來，而他那小而黑的手提袋裡已裝滿了多數議員贊同他為省議會議長候選人的簽名。試想，如果不是柯立芝平時謙遜待人，博得了大家的好感，又怎麼能這麼輕易就拿到那些人的簽名呢？

另一個以謙遜聞名於世的人，就是美國南北戰爭時期南方聯盟的戰將傑克遜。

傑克遜指揮石城戰役取得了勝利，但他並不居功自傲，而是一再強調功勞屬於全體官兵。在墨西哥戰鬥中，總司令斯哥托對他的指揮能力給予了極高的評價，而傑克遜從未向別人炫耀過這件事。

不過，傑克遜並不是視功名如糞土，從墨西哥戰爭開始時他給姐姐的一封信中便可以看出，他有著樹立聲譽、博得大眾注目的計畫。因為那個時候，他只是一個徒有其名的副官。在他後來的事業進程中，這位勇敢、謙遜且聰明過人的人，機智地運用了他向上進取的每一計畫，使斯哥托將軍對他好感倍增，在他的手下，傑克遜得到了不斷的提升。

只有目光短淺、胸無大志的人才會時時標榜自己做了什麼、得到了什麼，如傑克遜、柯立芝這般偉大的人物卻能超脫於這種淺薄的虛榮之外。因爲他們深知，人們所樂意接受和尊敬的是謙遜的人。

一個有功績而又十分謙遜的人，他的身價定會倍增。

保持謙虛的品德對於人際交往十分重要。一個背著自負自傲包袱的人，他的友誼財富必然少得可憐。這裡，謙遜須以坦誠爲基礎，否則就難免陷入虛僞的泥潭。比如在討論問題時，明明自己有不同的見解，卻爲了表示謙遜而不明白說出，或者吞吞吐吐，言而不盡，抑或對方批評自己時，當面唯唯稱是，背後卻滿腹牢騷，這些都不是真正的謙遜。

再者，還應劃清兩個界限。一個是謙遜與虛榮的界限。如果一個人故作謙遜姿態，以求得到「謙遜」的美譽，那就是一種虛榮的表現。這種虛榮心一旦被對方察覺，又怎會有愉快的交往可言？

再一個是謙遜與諂媚的界限。有些人愛表達一些言不由衷的溢美誇讚之詞，以爲只有這樣才顯得自己彬彬有禮，謙恭而有教養，殊不知，過分溢美，近於諂媚。

最後，對於謙遜，我們還要指出的一點是：在這個現實的世界，如果沒有人知道，再好的道德和才能都是白費，這就是所謂「酒香也怕巷子深」。所以，過度的謙遜並不可取。謙遜應當有度，要適時地與自我標識相結合，這才是成功的藝術。

一句話，謙虛是通往成功和贏得人們尊重的最重要的品質之一。

6 讓正確的觀念來引導我們的行為

法即無頓漸，迷悟有遲疾，只此見性門，愚人不可悉。說即雖萬般，合理還歸一，煩惱暗宅中，常鬚生慧日。

——《六祖壇經》

《六祖壇經》中：「法即無頓漸，迷悟有遲疾，只此見性門，愚人不可悉。說即雖萬般，合理還歸一，煩惱暗宅中，常鬚生慧日。」

意思是說，真正的佛法並沒有什麼頓漸之分，只是有明心見性的教法，愚昧無知的人是難以理解和接受的。雖然講說的教法可能千差萬別，但就其所隱含的真理而言卻只是一個。如果有錯誤的思想和不良的情緒存在，心中就會一片黑暗，應該以智慧的陽光來驅散黑暗。

從六祖慧能的觀點中我們不難得出，錯誤的觀點和不良的情緒常常會直接導致失敗。

南陽慧忠禪師是當時一位很有名的得道高僧，稟受六祖慧能法脈，隱居南陽白崖山黨子谷四十餘年。

明代宗大曆三年詔南陽慧忠禪師入宮傳法。當時，代宗手下有一位奇異之士，能掐會算，自稱太白山人，代宗對之極為尊敬。

兩位高人會集，代宗便有意讓二位見上一面，以分高下。

俗話說：「文無第一，武無第二。」慧忠禪師與太白山人一見面，兩人便互相考較起來。

慧忠禪師問道：「不知太白山人擅長何術？」

太白山人回答：「知山知地知人文，算生算死算萬物。本人精於演算法，無所不知，無所不曉。」

慧忠禪師微微一笑，道：「那麼我問你，你所住的山是雄山還是雌山？」

這可是從未有過的問題，山還有雄雌之分嗎？太白山人聽都沒聽過，一時茫然，不知如何回答是好。

慧忠禪師不給他喘息之機，又問道：「殿上此地是何地？」

太白山人回答：「容我掐算一下。」

慧忠禪師道：「不用算了，你既識字，且看我寫的是什麼？」說罷，隨手在地上劃了一筆。太白山人立即回答：「是一。」

慧忠禪師道：「在土上寫一筆，難道不是王字嗎？你所站的地方是王地，這還用算嗎？」

字，問算不知算。陛下，從哪兒弄來了這麼個活寶？」

代宗隨即對太白山人說：「慧忠禪師才是真正的國寶呢！」

二人相視，莫不哈哈大笑。

太白山人也被慧忠禪師的風趣機敏所傾倒，佩服得五體投地。

然而，慧忠的言詞卻令殿上的魚朝恩氣憤不已。魚朝恩自負精通佛法，卻沒見過慧忠禪師這樣談吐機敏的佛門人物。他心想：慧忠名為高僧，卻靠賣弄口舌取悅於人，莫不是欺世盜名之徒吧？

他也想當眾賣弄自己的學問，便昂首闊步來到慧忠跟前問道：「請問禪師，佛法所謂的無明是什麼？無明從何而起？你既是當世名僧，對這個問題自該有些心得吧？」

魚朝恩的問話內含譏諷之意，慧忠禪師焉能聽不出來，便回答說：「人快死的時候，滿臉衰相畢現，這時即便是奴才也會問學佛法了。」

魚朝恩一聽慧忠禪師竟敢侮罵自己，不禁大怒。

慧忠禪師卻微微一笑道：「大人，這就是無明，無明就是從此而起的。」

故事裡，太白山人之所以能夠與慧忠禪師互相欽佩，沒有發生衝突，原因與他們考較的出發點有很大關係，他們考較的目的並非爲了讓對方難看，而是爲了切磋技藝；而魚朝恩的出發點則完全不同，他的出發點就是想抬高自己，給慧忠禪師一個下馬威，讓其出醜，這才導致了他技不如人反被羞辱的結局。

由此得出，在正確的思想意識指導下的行爲，往往能夠產生正確而積極的結果；相反，在錯誤的觀點引導下或者無思維意識下的行爲，一般都是以失敗告終的。

故而，做任何事之前一定要運用智慧詳加思量，爭取讓正確的觀念來引導我們的行爲，成爲我們行動的準則，那樣我們便不容易掉進失敗的深淵。

爲什麼現實生活中，有那麼多人都經歷著失敗的人生？原因有千千萬萬，但有一點是相同的，皆因心性法門未打開。

錯誤的思想容易將我們引入迷途，正確的思想卻能給我們帶來積極的效應。因此，行動之前一定要重視思想的引導作用，在正確的指導思想下確定明確的奮鬥目標，才是取得成功的前提。

7借別人的秘方，找自己的智慧

有智慧的人，從周圍取樂；沒有智慧的人，希望別人給予快樂。

——弘一法師

善於借別人智慧的人往往能夠集眾人智慧於己身，成就常人無法成就的事業。

相傳，佛祖釋迦牟尼問他的弟子：「一滴水怎樣才能不乾涸？」弟子答不上來。釋迦牟尼說：「只要把它放到大海中去就可以了。」

弘一法師說：「一個人，不管他有多大能量，他的智慧和才能都是有限的。唯有借助他人的能力和智慧為己所用，廣采博集，取長補短，發揮集體的智慧，才能取得更大的成功。只要每一個人都發揮才智，集體的智慧和力量就會無窮無盡。而借助別人的智慧來解決問題，往往能夠收到事半功倍的效果。」

讀過《聖經》的人都知道，摩西算是世界上最早的教導者之一。他懂得一個道理：一個人若能得到其他人的幫助，就能做成更多的事情。

當摩西帶領以色列子孫前往上帝許諾給他們的領地時，他的岳父傑塞羅發現，摩西的工作實在太多了，如果一直這樣下去的話，他總有一天會吃不消。

於是，傑塞羅想辦法幫助摩西解決了問題。他告訴摩西將這群人分成幾組，每組一千人，然後再將每組分成十個小組，每組一百人，再將一百人分成兩組，每組各五十人。最後，再將五十人分成五組，每組各十人。

然後，傑塞羅又教導摩西，要他讓每一組選出一位首領，而且這位首領必須負責解決本組成員所遇到的任何問題。摩西接受了建議，並吩咐那些負責一千人的首領，分別找到可以勝任小組首領的夥伴。

最終，借助嚴密的組織，他們順利到達了領地。

正所謂「智者千慮必有一失，愚者千慮亦有一得」，一個人無論怎樣博聞強記，所能擁有的知識總是有限的。所以，聰明的人學習知識和本領時會有所側重，也許對你來說很陌生很難做到的事情，別人卻是司空見慣，輕而易舉就可以做到。

所以，個人也好，集體也罷，不要因爲別人的能力比你強就去嫉妒他、排擠他，而應懂得借助他人的力量與智慧，爲己所用。當遇到難事的時候，不光要靠自己絞盡腦汁、冥思苦想，還要懂得不恥下問、集思廣益，這樣既能解放自己，也能獲得令人滿意的結果。

8不妄語，別答應你無法兌現的事

修心之人言須仔細，切莫空說大話，莽莽蕩蕩招殃禍。

——母音法師

諸葛亮有一次與司馬懿交鋒，雙方僵持數天，司馬懿就是死守陣地，不肯向蜀軍發動進攻。諸葛亮為安全起見，派大將姜維、馬岱把守險要關口，以防魏軍突襲。

這天，長史楊儀到帳中向諸葛亮稟報：「丞相上次規定士兵一百天一換班，今已到期，不知是否……」諸葛亮說：「當然，依規定行事，交班。」眾士兵聽到消息立即收拾行李，準備離開軍營。忽然探子報魏軍已殺到城下，蜀兵一時慌亂了起來。

楊儀說：「魏軍來勢兇猛，丞相是否把要換班的四萬軍兵留下，以退敵急用。」諸葛亮擺手說：「不可。我們行軍打仗，以信為本，讓那些換班的士兵離開營房吧。」眾士兵聞言感動不已，紛紛大喊：「丞相如此愛護我們，我們無以報答丞相，決不離開丞相一步。」蜀兵人人振奮，群情激昂，奮勇殺敵，魏軍一路潰散，敗下陣來。

諸葛亮向來恪守原則，當換班的日期來到，便毫不猶豫地交班，就是司馬懿來攻城也不違反原則。以信為本，誠信待人，終於成就了他。

顧炎武曾以詩言志：「生來一諾比黃金，那肯風塵負此心。」表達自己堅守信用的態度。言必信，行必果，不但是對別人的尊重，更是對自己的尊重。

當朋友托我們辦事時，能做到當然最好，如果不能，就不要一口答應，不要做「言過其實」的許諾。因爲，諾言能否兌現，除了個人努力的問題，還有一個客觀條件的因素。平時可以辦到的事，由於客觀環境的變化，一時又辦不到了，這種情形是常有的事。

因此，在朋友面前不要輕率許諾，更不能明知辦不到還打腫臉充胖子，逞能許下「寡信」的「輕諾」。當你無法兌現諾言時，不僅得不到朋友的信任，還會失去更多朋友。

人無信不立。信用是個人的品牌，是辦事的無形資本。有形資本失去了，還可以重新獲得，而無形資本一旦失去，就很難重新獲得。因此，辦事再困難，也不能透支無形資本。

第十章

善待身心，修煉歡喜禪

很多時候，我們需要有孩子那種單純的執著。
當孩子看到一顆十克拉鑽石和一個玻璃球時，
他不會挑鑽石，因為他認為玻璃球更好玩，僅此而已。
愛默生說：「任何事物都不及偉大那樣簡單，
事實上，能夠簡單便是偉大。」

1 閑來無事，聽聽音樂

如果我們破除一切執著塵勞，丟掉身外亂性的貪婪和物欲，找回自己，就能獲得身心的自然安寧、愜意、舒適、安逸，幸福的生活也將隨之而來。

——燃燈法師

上天賦予了人類一定份量的歡喜與哀愁，倘若你不懂得用好心情來平衡壞情緒，用新快樂來撫平舊傷痛，那你就大大辜負了人類左右情緒的天賦。

對於愛生氣的人來說，音樂是一個不錯的「解毒良藥」。一首適合當時心情的歌曲，總能讓我們在音樂中找到共鳴。聽著或輕快或緩慢的曲子，我們的心靈得到了放鬆，心中緊繃的弦也在音樂的感染下，變得柔軟而緩和。

音樂可以讓我們忘記一切不愉快的事情。迷茫的人可以在音樂中找到友愛；失意的人可以在音樂中找到堅強；彷徨的人可以在音樂中找到方向。

樂樂是個懂得發洩的女孩，就算再難過的事情，給她幾個小時的時間，那個自信從容的她就又回來了。

一次，樂樂本來是可以升到主管那個位置的，但是中間出現了一點小差錯，不僅沒有升職，還差點被開除。因此，所有的同事都認為樂樂第二天不會來上班。但到了第二天，樂樂卻神采奕奕地來上班了，同事們對此都感到很吃驚。一些大膽的同事問她是怎麼做到的，她笑著說：「沒什麼啊，回到家中把音樂調到最大，放一首自己最喜歡的曲子，慢慢的也就調整過來了。」

當主管看到樂樂的情緒恢復得這麼快，也在心裡暗暗佩服了一番。沒過多久，樂樂就憑藉自己出色的工作表現升職了。

音樂不僅可以消除你心中的「鬱氣」，還可以讓你變得更有氣質。公車上，那個塞著耳機的人呆呆望著車窗外的場景，能讓人瞬間感受到唯美，這個時候的氣質是平時怎麼都偽裝不出來的；咖啡店裡那個聽著音樂看書的人，也常常會讓我們羨慕他（她）那份安靜而優雅的氣質。

閑來無事聽聽音樂，我們的情緒將變得日益鮮活，我們的日子也將變得日益溫馨。

2 運動幫你消除煩惱

身體的健康因靜止不動而破壞，因運動練習而長期保持。

——靜慧大師

「鍛煉身體？那是很久以前的事情了。」說到運動，大部分的人都覺得很遙遠，也覺得忙碌的生活中沒有時間鍛煉身體是很正常的事情。可是，和經常運動的人相比，他們更顯得沒有活力，甚至是更顯得蒼老。

一項新研究顯示，運動不僅能夠讓人們心情暢快，當人們面對精神壓力和情緒波動的問題時，還能幫助大家排憂解難。

馬里蘭大學公共健康大學運動機能學系助理教授史密斯做了一項研究，研究中，參與實驗的成員要有一段時長三十分鐘的休息期，或者是在兩天內每天騎三十分鐘的單車。

這項調查旨在測量活動前後的焦慮程度。接著，這些成員會看到一系列關於嬰兒、家庭和寵物的美好圖片，也會看到一些令人不快的描述暴力的圖片，還有一些附有盤子、水杯和傢俱的中性圖片。隨後，他們的焦慮程度將最終得以測出。

參與實驗的調查在他們三十分鐘的運動或休息之後迅速完成。調查顯示，在這些情況下，降低焦慮程度的影響作用是同等的。

然而，在看過那些圖片後，進行休息的人，焦慮程度上升到了他們的最初點；而那些做運動的人，則保持在了他們降低焦慮後的程度。

史密斯說：「我們發現，運動有助於排解情緒釋放的影響。如果你去做運動，不僅可以減壓，還能在我們面對情緒情感問題時幫助我們更好地控制它。」

鍛煉身體不是一朝一夕的事情，需要堅持，每週至少要鍛煉二到三次，如果可以天天做，那就最好了，「三天打魚、兩天曬網」的鍛煉是起不到什麼效果的。在鍛煉身體的時候，你可以選擇幾項自己喜歡的運動交替著做，比如游泳、慢跑、瑜伽、舞蹈、體操等。

歌德說過：「流水在碰到抵觸的地方，才把它的活力解放。」人的活力也是一樣，只有去激發它，它才會更完美地展現出來。所以，想要自己有青春的活力，就要長期堅持鍛煉身體，把身體內在的活力激發出來。

3 找個時間學做孩子

當孩子看到一顆十克拉鑽石和一個玻璃球時，他不會挑鑽石，因為他認為玻璃球更好玩，僅此而已。

——開懷禪師

幾乎一切偉人都用敬佩的眼光看孩子。

孟子說：「大人者，不失其赤子之心者也。」

巴斯卡說：「智慧把我們帶回到童年。」在偉人的眼中，孩子的心智尚未被歲月扭曲，保存著最寶貴的品質，值得大人們學習。

很多人抱怨生活實在太累，太不容易，既要揣摩別人的心思，又不能被別人猜出自己的想法，即使不喜歡這種虛假的生活，但還是要無奈地堅持。在這紛繁複雜的世界，我們需要停下來，留下片刻的時間學著做個孩子，像孩子一樣思考，濾過事物外部的紛雜；像孩子一樣看問題，看到事物單純的本質。你會發現，世界總如陽光般明澈，原來棘手的問題是如此簡單。

有一個匈牙利木材商的兒子，很多人都覺得他笨。有一天，他做了一個夢，夢見自己寫的文章被諾貝爾看中了。他怕被人嘲笑，只將這個夢告訴了媽媽，媽媽高興地告訴他上帝選中了他，他對此信以為真。從此，他真的喜歡上了寫作。後來，他因為是猶太人而被送進了集中營，那兒每天都有人精神崩潰，而他靠著信念活了下來。

離開集中營時，他心中只有一個想法：「我又可以從事我夢想的職業了！」一九六五年，他寫出了第一部作品；二〇〇二年，瑞典皇家文學院宣佈將諾貝爾文學獎授予了他——凱爾泰斯．伊姆雷。

「我只知道，當你喜歡做這件事，並且多少困難都打不倒你時，上帝就會抽出身來幫助你。」他說。

像孩子一樣執著地追求使他成功了。

很多時候，我們需要有孩子那種單純的執著。當孩子看到一顆十克拉鑽石和一個玻璃球時，他不會挑鑽石，因爲他認爲玻璃球更好玩，僅此而已。

愛默生說：「任何事物都不及偉大那樣簡單，事實上，能夠簡單便是偉大。」孩童簡單的思考是原始的思考，那超乎天地境界的思考也必定是簡單的。

4 為愛好留一片天地

一個長期的愛好不僅是心靈的寄託，也是朋友間聯繫的紐帶。

——慧律禪師

匆忙中，很多人漸漸丟掉了曾經固守的最爲保貴的愛好。曾有人如此感歎：「剛畢業的時候還在週末參加攝影采風，或者聽個音樂講座，爲了自己的愛好。但現在一問起，大家的答案驚人地一致：『現在哪有時間啊？』」這樣的現象讓人心疼卻無奈。

愛好是一種樂趣、一種情調，它能豐富人的精神世界，拓寬生命的邊界。正因爲有了多種多樣的愛好，人生才能豐富多彩。愛好可以引導一個人尋覓與發現人生與社會之中許多未知與美好，甚至能成爲人生的嚮導。在由愛好搭建起的生活空間裡，我們可以自得其樂，盡情發揮。

有研究表明，有愛好的人更有熱情、更有情趣，而且對事專心和執著。一個長期的愛好不僅對個人來說是心靈的寄託，也是朋友間聯繫的紐帶。

愛好不是打發時間、可有可無的存在，它與生活品質乃至生活格調、人生境界都有關係。無論你所從事的工作與愛好是否一致，愛好於你而言都是一種撫慰，只有心中始終存有期盼和熱愛，生活才能變得有滋有味。當然，這裡提到的愛好並不是指一般的休閒娛樂活動，而是指足以讓你喜愛、沉迷以及鑽研的事物。

真正的愛好應該是在工作之餘，打開琴蓋，奏一支曲子；夜晚睡覺之前，掀開書頁，讀幾篇好文章；內心苦悶之時，拿起筆，寫一首小詩，或隨意寫下你心中要說的話；閒暇的時光中，打開顏料盒，把你窗前的一枝新綠描畫下來……

健康的愛好，猶如生活的滋養劑，讓人充分地享受人生的樂趣，幫助提高生活品質。只要自己樂意去培植，每個人的生命樹上都可以開出最可愛的花，結出最甘美的果子。

工作再忙，也要給自己的愛好留一點時間和空間，因爲這意味著給自己的精神和心靈留一點時間和空間。只有堅持愛好，精神才會有所寄託，心靈才會有所附著。

哈佛大學曾進行過一項調查，針對美國一千五百名學生，詢問他們選擇自己的專業是出於愛好還是爲了賺錢。調查資料顯示，兩百四十五名學生表示是出於愛好，一千兩百五十五名學生回答是爲了賺錢。這項調查累計進行了十年，目的是瞭解爲了金錢和愛好而努力奮鬥的兩種人，他們最後各有多少人成了富翁。十年後的結果顯示，兩百四十五名學生中，因爲愛好而奮鬥的人中有一百人成了富翁；而在一千兩百五十五名學生中，爲了金錢而工作的人中，只有一人成了富翁。

在現實生活中，有的人爲了成功放棄了自己其他的一切，到頭來卻一無所獲；而許多孜孜不倦地爲愛好而奮鬥的人，卻往往能心想事成。

5 積極性的休閒活動要多參加

世上有太多只為工作拚命的人，請在拚搏的路上不要忘記了沿途的好景。
——查拉圖斯法師

林語堂是這樣說的：「地球上只有人拚命工作，其他的動物都是在生活。動物只有在肚子餓了才出外找食物，吃飽了就休息，人吃飽了之後則是埋頭工作；動物囤積東西是為了過冬，人囤積東西則是爲了自己的貪婪。這是違反自然的現象。」

沒踏入職場時，看著那些衣著整齊、神采奕奕、快樂工作的公司白領，你是不是非常羨慕？甚至渴望趕快走出校園踏進職場，成爲他們中的一員？

可是，當你真的踏入職場，你可能會漸漸感到失望，因爲你發現工作是很忙很累的事：每天準時趕到公司，一頭栽進那些沒完沒了的工作中，碰上任務緊急的時候還要加班，但你已經約了朋友一起吃飯，或者約定去拜訪一位專家，這時，你只好向別人道歉，取消約定。即便你感到十分煩躁，但你依然要重複這樣的日子，因爲不工作就沒有麵包吃，不加班就做不出成績，有可能被炒魷魚。

更可怕的是，你不自覺地把休閒時間都用到工作上去了。別人心無牽掛地休閒、放鬆自己，你卻憋在家裡加班工作；即使你也加入了休閒隊伍中，腦子裡卻還在考慮著工作。

心理專家研究發現，白領上班族，可以說是社會上最忙碌的一群，也是休閒生活最貧乏的一群。對他們來說，凡是追求成就感、實現人生夢想等，幾乎都要透過工作來完成，休閒只不過是龍套的角色，唯有工作才是値得投入全部心力的重頭戲。

誠然，很多人之所以會徹頭徹尾地成爲工作的奴隸，是因爲他們認爲休閒不會給工作帶來任何益處，這種觀點使他們寧可花時間坐在那裡自怨自艾，也不願意站起來去參加休閒活動。實際上，適當的休閒對一個人的工作有良好的促進作用。仔細研究你就會發現，成功的人懂得將工作與休閒時間適當分配，他們知道何時該輕鬆。

當然，休閒往往有一個前提，那就是連續的工作使你勞累了，甚至對工作感到厭煩，你急於從工作中脫離出來，需要通過徹底放鬆自己來調整心態，保持快樂的心情。

適當的休閒是你實現這一願望的最佳方式。離開囚籠一樣的辦公室，投身到新鮮的環境中去，接觸到不同的人，觀賞到奇異的物，經歷各種各樣的事，這些都能使你在工作時緊繃的神經得到徹底放鬆，讓疲倦的身體得到良好的恢復，那些困擾你的不愉快的情緒也會隨那輕柔的風、潺潺的流水和開心的大笑而遠去。當你再出現在辦公室時，你會顯得輕鬆愉快、精力充沛。這時，再複雜棘手的工作擺在你面前，你也能從容面對，遊刃有餘地去處理。

前任哈佛大學校長約翰·柯曼博士就是一個非常懂得利用休閒時間開發潛力的人。有一次，他利用假期到費城當收集垃圾的清潔工；後來，他又在另一次假期中加入到紐約街頭流浪漢的行列；他退休前的最後一次假期，是到旅館當餐廳廚師的助手，後來，他索性買下一個餐館來經營。

休閒的方式五花八門、多種多樣，比如說看電視。許多心理專家對這種休閒方式並不表示贊同，認爲看電視是取代社交生活，而不是進入社交生活，是最耗時的消遣，是一種有害的癮頭。據估計，現代人花在看電視上的時間，至少比從事其他積極性的休閒活動高出十倍以上。

除了看電視之外，有不少人利用花錢購物、吃零食、到處閒逛等方法打發時間，而這些都是消極性的休閒。專家研究發現，有百分之九十的人都選擇被動消極的事物作爲休閒活動。

哪些是積極性的休閒活動呢？專家認爲，積極性的休閒活動應該讓人在其中獲得滿足和成就感，比如閱讀、運動、跳舞、彈奏樂器、進修等。一個人多參加積極性的休閒活動，有助於提高自身素質，健全自我心理，增強自我活力，更會讓人感到輕鬆和快樂，幫他從容面對工作，成爲工作的主人。

6 多讀書，從求知中獲得喜悅和滿足

整個社會都在不斷前進，如果你不升級自己，就會被社會淘汰。

——淨真法師

學問是要通過不斷地學習才能內化成自己的東西。一個人即使天賦再好，也不可能隨便將不是自己的東西據爲己有，頂多是在學習的時候比別人快一些。同樣的，一個人就算是天賦一般，但只要能堅持不懈地學習，遲早會成大器。

人生是需要不斷充電的。只有不斷地充實自己，才能讓自己贏在起跑線上。

知識被長時間地擱置，就會隨著時間地推移而被逐漸淡忘，若是不回頭溫習，不吸收新的知識，只怕僅有的一點知識也會蕩然無存。因此，在我國的歷史上有很多著名的大文豪，老年之後的文章或者是詩詞沒有年輕的時候好就是這個道理。

求學是個積累的過程，沒有人可以不下苦功就擁有大學問。

王安石的《傷仲永》中講述了一個神童最終變成普通人的故事。

仲永天資聰慧，五歲即能指物作詩，且文理皆有可觀者，一時之間，他的名氣傳遍鄉里。人們對此感到驚奇，便紛紛請仲永的父親做客，花錢請仲永作詩。

仲永的父親見有利可圖，就拉著仲永四處作詩，因此耽誤了學習。

結果幾年以後，這個神童就變得和普通人一樣了。

葛洪說：「學之廣在於不倦，不倦在於固志。」人的生命是有限的，而求學問是無限的。只有當一個人有了一定的學問，卻能認識到自己學識、能力的不足，進而不斷學習，不斷進步，他的學問才能越積越多。學問積累得越多，就越有智慧，志向就會越來越大，成就也才能越來越讓人刮目相看。

經過幾千年累積的知識是浩瀚無垠的，我們所學到的只不過是滄海一粟，而且，知識無時無刻不在以很快的速度更新，我們能夠掌握的知識實在很少，若是不能長期持之以恆地學習，很快就會感到知識匱乏。

有句老話說得好，叫「活到老，學到老」。人的一生都應該不斷學習新的東西，學習是一輩子的事，沒有年齡階段的限制。正因爲這種孜孜不倦的學習精神，隨著年齡的增長，人們對於世事才會有更高的領悟。

有時候，面對不斷變化的世界，人們常常以爲自己已經觸到了事物的邊界，而事實上，你只要輕抬貴足，跨上一步，就會發現自己離事物真正的邊界還很遠。

曾經有人對愛因斯坦說：「您可謂是物理學界空前絕後的人才了，為什麼還要這樣艱苦地學習呢？」

愛因斯坦笑了笑沒有說話，而是找來一支筆、一張紙，在紙上畫上一個大圓和一個小圓，說：「在物理學這個領域裡，我可能比你懂的多一點。好比說這個小圓就是你，而我則是這個大圓。然而，整個物理學說是無邊無際的，小圓周長小，所以與未知領域的接觸面小，他感受到的未知就少；而大圓與外界接觸的周長大，所以會感到自己未知的東西更多，從而更加努力地去探索。」

學習是一種進取的精神。正是由於有了這種精神的存在，人生才有意義。過去的成績僅僅代表過去，我們應當注重的是未來。人應當在進步中體會自己的人生價值，體會人生的快樂，從求知中獲得自我的幸福和滿足。由此可見，人的學習是一輩子的事情。人類社會越來越文明，作為個體的人，一生中需要學習的東西也會越來越多。

有人將人生比作一輛列車，唯有不停地學習，才能使生命的車輪不停前進，才能感覺到生命的動力，從而品嘗到生命成長的喜悅；不學習的人生就像是列車拋錨一樣，停在原地不動，只會慢慢生銹。

7 躲到寂寞中去享享清福

閉戶，然後知平日之交濫；寡欲，然後知平日之病多。

——弘一法師

「佛法分兩種，走出世間是清淨，走入世間是紅塵。」弘一法師解釋說，「紅塵裡的人生，就是功名富貴，普通叫作享洪福，清淨的福叫作清福。人生鴻福容易享，但是清福卻不然，沒有智慧的人不敢享清福。」

當感到工作壓力太大、內心煩躁時，最好的解決辦法就是躲到寂寞中去享享清福，放鬆一下身心。

西方有位哲人在總結自己的一生時說過這樣的話：「在我整整七十五年的生命中，我沒有過四個星期真正的安寧。這一生只是一塊必須時常推上去又不斷滾下來的崖石。」所以，追求寧靜或者追求寂寞對許多人來說成了一個夢想。由此看來，寂寞並不是每個人都能享受的。

可現實生活中，許多人害怕寂寞，時時找熱鬧躲避寂寞，殊不知，熱鬧之後的寂寞更加讓人難以忍受。如能在熱鬧中獨飲那杯寂寞的清茶，也不失為人生的另類選擇與生存方式。但是，寂寞並不是每個人都能享受的！只有敢於同現實抗爭的人，才有面對寂寞的勇氣；只有在昔日擁有輝煌的人，才會有不甘寂寞的感受；只有為了收穫而不惜辛勤耕耘、流血流汗的人，才有資格和能力享受寂寞。

許多人把失意、傷感、無為、消極等與寂寞聯繫在一起，認為將自己封閉起來就是寂寞。其實，這是一種誤解。這樣做不僅會限制生命的成長，還會與現實隔絕，這樣的人只是在逃避生活。

寂寞是一種享受。在這喧囂的塵世之中，如果你想要保持心靈的清淨，就必須學會享受寂寞。寂寞就像個沉默少言的朋友，在清淨淡雅的房間裡陪你靜坐，雖然不會給你諄諄教導，但卻會引領你反思生活的本質及生命的真諦。寂寞時，你可以回味一下過去的事情，以明得失；也可以計畫一下未來，未雨綢繆。你可以靜下心來讀點書，讓書籍來滋養乾枯的心田；也可以和另一半一起去散散步，彌補一下失落的情感；還可以和朋友聊聊天，古也談，今也談，不是神仙，勝似神仙。

因此，當你對工作、生活感到倦怠時，不妨找個空間獨處，享受一下寂寞，更好地認識一下自己。

清代曾國藩向一個修行極高的出家人請教養生之道。出家人磨墨運筆，龍飛鳳舞地寫了一張處方遞給他。

曾國藩接過處方又問道：「現在正是盛夏之時，天氣炎熱，弟子往日總感到屋內沸騰，如坐蒸籠，為何今日在大師這裡似乎有涼風吹面一樣，一點也不覺得熱呢？」

出家人朗聲說道：「乃靜耳。老子云：『清淨物之正。』水靜則明燭鬚眉，平中准，大匠取法焉。水落石出靜猶明，而況精神？聖人之心靜乎，天地之鑒也，萬物之鏡也。夫虛靜恬淡、寂寞無為者，天地之平而道德之至也。世間凡夫俗子，為名、為利、為妻室、為子孫，心如何能靜？外感熱浪，內遭心煩，故燥熱難耐。大人或許還要憂國憂民，畏讒懼譏，或許心有不解之結，肩有未卸之任，也不能心平氣靜下來，故有如坐蒸籠之感。切脈時，我以己心靜感染了你，所以你才不再覺得熱。」

人在充滿焦慮的時候，靈魂和內心更需要獨處時的寧靜。這片寧靜可能在高山上，也可能在大海邊，更可能藏在一所鄉村小屋中。只要敢於獨處，用心去體味，就能體會到它的妙用。

不要害怕寂寞，它能夠使你暫時放下心中的惦念，獲得片刻悠閒。很多時候，享受寂寞就是在享受生活。

8 常做一下「健心操」，莫將身病為心病

淨化自己完全在於自己，別人無法代替。

——靜慧大師

「莫將身病爲心病」，這是明代思想家王陽明的名言。意思不言自明：心理負擔過重，心累對身體康健毫無益處。

人們常說：「肩上百斤不算重，心頭四兩重千斤。」可見情緒對健康的影響是極大的，「萬病心中生」。

我們常會有這樣的體會，當處於良好的心理狀態時，自己所做的事也會感到輕鬆不少，從而極大提高了工作效率；若處在消極的情緒下，如憤怒、怨恨、焦慮、抑鬱、恐懼、痛苦等，不僅無心做事，如果強度過大或持續過久，還可能導致神經活動機能失調。

貝特麗絲・伯恩斯坦已經七十多歲了，她曾兩次寡居，但她仍然盡情地生活——探望兒孫、讀書、旅行、義務演出，過著快樂的一生。

「我已經過了生命的巔峰，但仍然享受下坡的快樂，做了快九年的寡婦，我為自己創造了充實且愉快的生活。我在亞利桑那州立大學一起修課的同學，在我第二任丈夫於一九八二年被診斷為結腸癌時，成為了我的支持團體。」

「借助青年旅行的計畫，我和同齡人一起環遊世界，他們和我有同樣嗜好，也需要夥伴。自退休後，我所進行的最有價值的計畫，就是參加『聖約之子』為以色列『活躍退休者』所舉辦的為期三個月的節約活動。活動中，我在內坦亞的東正教看護中心擔任祖母的角色，照顧從十八個月到三歲的小孩子。沒錯，有時工作很煩很累，但是能提供服務，付出愛以及得到愛，這為我帶來了如同照顧自己親生孩子般的快感。」

在伯恩斯坦太太七十六歲生日時，滿屋的朋友共同舉杯祝福她：「祝您活到一百二十歲！」

伯恩斯坦太太的笑綻開了額頭的皺紋：「我也許剛好可以活到那麼老，就剩下了四十四年了。」

人生在世，有數不清的幸福和快樂，亦有許多憂愁和煩惱。健康與快樂為伴，而憂愁則往往會帶來疾病。情緒樂觀開朗，可使人內臟功能正常運轉，增強對外來病邪的抵抗能力。

古人的養生之道，在於寧心養神。《素向・上古天真論》記載：「恬淡虛無，真氣從之，精神內守，病從安來。」這就是說，心情平靜，不動雜念，疾病便無從發生。所以，只要做到心情舒暢，安然自得，便會延年益壽。

弘一法師曾說：「寫字要專心致志、全神貫注，這樣能起到靜心養性的作用。中國文字有三美：意美以感心、音美以感耳、形美以感目。練習書法時，觀摩碑帖、揣其神韻，可以培養審美趣味和審美思想，同時能得到藝術享受，陶冶性情，靜心養性。心中狂喜之時，寫字可以使人頭腦冷靜下來；心中鬱悒之時，寫字可以使人忘掉憂愁。我以爲延年益壽，這算妙方。」

三國時，養生學家嵇康認爲，養生之道，唯重在養神。何喬潘在《心術篇》中說：「書者，抒也，散也。抒胸中之氣，散心中鬱也。故書家每得以無疾而壽。」唐代詩人韓愈在形容書法家張旭作書時說道：「喜怒、窘窮、憂悲、愉快、怨恨、思慕、酣醉、無聊、不平，凡有動於心，必以草書發之。」

養生貴在養心，保持愉悅的心情是養生的最高境界。不良心境如同毒草，長期處於其中，無疑會使機體抵禦疾病的能力下降，破壞自身的身心健康。因此，無論你處於人生的順境還是逆境，不妨常做一下「健心操」，學會駕馭心境，將煩悶、孤寂、依賴、內疚等統統趕走。這樣，同樣的事物，就會從「無可奈何花落去」變作「人閑桂花落」「鳥鳴山更幽」。

第十一章

一念放下，萬般自在

人們喜歡拚命地追求、索取，以為這樣便可以得到幸福。
殊不知，當費盡心機地實現了這個目標，
很快的又會有新的沒有實現的目標出現，
消除一個煩惱，又會有新煩惱，如此反覆，永無盡頭。
事實上，人們追求的東西往往是自己並不需要的。

1 欲學佛，先學會放下

佛說：「放下。」你將手中所持有的東西放下，但是，你心間的七情六欲，人間的欲望掙扎，你是否放下了？只有放下這些，才真正算是佛家箴言中所講的「放下」。

——南懷瑾

佛語中講到，修煉的人在修行中如果不能放下七情六欲，就無法修煉到博大精深的境界。只有懂得放下，才能體會到佛家箴言。

一個得道的高僧養了一條狗，名字就叫「放下」，每到給牠餵食的時候，高僧就會站在廟門口，大聲呼喚「放下」、「放下」、「放下」。

周圍的人們很奇怪，就問高僧為什麼給狗起這麼古怪的名字。

高僧說：「你們哪裡知道，我其實不是叫狗兒，而是在叫我自己，提醒我自己放下俗事！」

沒有多餘的東西，負擔就減少了，如此，你自然就會感到輕鬆自在。能放下多餘的不需要的東西，是一種解脫。人其實不需要複雜的思想，只要具備這項簡單的智慧，簡單思想，簡單生活，人生就能遠離痛苦與憂傷。

有一座廟裡住著一個老和尚和一個小和尚。

小和尚對師父說：「如果買一匹馬，您就不用整天這麼勞累奔波了，可以輕鬆很多。」

老和尚認為徒兒說得對，便去買了一匹馬。

中午，正當老和尚想美美睡個午覺時，小和尚跑了進來，說道：「師父，我們忘了一件事，馬兒在哪住呢？我們應該給馬兒建個馬棚。」

老和尚認為徒兒說的很有道理，便決定馬上給馬兒建個馬棚。

馬棚終於建好了，老和尚累了一天，正想躺下好好休息一下，小和尚又跑到跟前說道：「師父，馬棚雖然建好了，但是你整天忙於化緣，而我又要學禪，平時誰來養馬呀？我們還少個養馬的。」

於是，老和尚決定聘請一個廚師兼保姆。

吃完早飯，老和尚正準備外出講經，小和尚跑到跟前說道：「師父，廚師已經請來了。不過，她說廟裡沒有廚房，讓我們趕緊造一間，她還說，她年老體衰，不會算帳，讓我們再請一個夥計，幫她買買菜，打個下手。」

突然間，老和尚似是悟出了什麼。

老和尚想道：「以前的日子，多簡單，多輕鬆。」

老和尚對小和尚說：「這匹馬只會讓我覺得更累，趕快賣了牠！」

有時候，我們認爲我們需要某些東西，千辛萬苦得到之後，卻發現這件東西並不能給我們的生活帶來輕鬆和愉快，反而給我們帶來了更多的負擔，讓自己身心疲憊。與其爲其所累，還不如痛下決心，果斷擺脫它。

即使擁有整個世界，我們一天也只能吃三餐，一次也只能睡一張床。世界上美好的東西實在太多，我們不可能全都得到。其實，得到越多，負擔就會越重。還有什麼比擁有淡泊的心胸更能讓自己充實滿足的呢？欲望越小，人生就越幸福。

2 捨棄另一個自己

所謂「放下」，即是把什麼事都化為沒有的力量。名字有什麼相干？我們叫作玫瑰的，叫任何別的名字，仍然一樣芬芳。

——《佛說生經》

佛教文獻記載：「人的肉體內，住有一位真人，那是沒有地位、沒有頭銜的真實自己。他可以從人的任何部位自由進出。」這裡所說的真人，也就是哲學上的靈魂，是屬於形而上的。

有一次，臨濟禪師對弟子們說了前面的那段話。

有個弟子提出了疑問：「何謂真實的自己？」

臨濟拍拍他的胸襟，說道：「你認為呢？」

弟子正要回答時，臨濟微笑地說：「傻瓜！你就是真實的自己。」

真實的自己，就是真正的自我。人們活著，不知道還有另一個自己，這就如同魚天天在水中游來游去，卻不知有水一樣。一位詩人曾說：「要愛自己，只有時時刻刻凝視著真實的自己。」然而，當代人在看自己時卻模糊不清，原因是他們離真實的自我越來越遠。如果你能每天花幾秒鐘仔細看看自己的眼睛，你將發現真實的自己。

著名暢銷書作家泰德曾經寫過一本書《爲自己活著》，一經出版立刻造成了轟動，迄今創下了銷售七十餘版的紀錄。

泰德在書中闡釋了一種自由主義的思想，鼓勵每個人不需跟從世俗標準隨波逐流，而應該依自己的方式去選擇有價值的人生，使自己活得快樂、自由。你活得快樂嗎？自由嗎？讀這本書的人都覺得「心有戚戚焉」，因爲他們的心事被看穿了，他們發現自己這輩子爲了父母而活，爲了配偶而活，爲了子女而活，爲了房屋貸款而活，爲了取悅老闆而活，爲了身分地位而活……總之，有各種「爲別人活」的理由，卻始終沒有爲「自己」好好活過。

爲了別人而活，經常使人陷入進退兩難的境地，這樣的人往往過著不快樂的生活，做著不合志趣的事。即使他們中的一些人已經功成名就，但其心中仍有一種想「衝破現狀」的欲望。

你是不是會有這樣的感受？雖然職位越爬越高，薪水也日益上漲，但這並不是你想過的生活，縱使人人羨慕你，但這些表像只不過是生活無趣的「安慰品」罷了，你心裡想的很可能只是散散步、種種花、飼養動物、看幾本好書、和好友把酒言歡這些再簡單不過的事情。

曾有人做過一個調查，得出的結果出乎意料，竟然有高達百分之九十八的人工作不快樂，而他們之所以繼續待在原來的位置，並非完全受制於經濟因素，而是不知道自己還「想」做些什麼。雖然他們「想」爲自己活，卻找不到「著力點」。

要找出自己真正想過的生活，其實並非難事，最直接的方法就是從你的興趣尋找線索。你可以問自己幾個問題：在過去的經驗裡，有哪些令你振奮的嗜好？假設說，維持基本的物質需求無虞，你會把剩餘的時間、精力用在哪裡？

你是不是花了太多的力氣去追逐身外之物，或者爲了滿足別人，而把自己內心的真愛丟棄不顧？

想爲自己活，就要去做自己喜歡的事。窮畢生之力做自己不喜歡的事，談何「爲自己活」？

3 降低一份欲望，得到一份幸福

大大小小的河流，大都流歸大海。欲望不能滿足，貪愛沒有止境。

——《佛說生經》

《佛說生經》上說：一切世間的欲望，沒有一個人不想滿足，這些有著非常大的危害，爲什麼還要自找傷害？大大小小的河流，大都流歸大海。欲望不能滿足，貪愛沒有止境。

是啊，欲望像越滾越大的雪球，蠱惑著人們拚命向前。向前就能通向幸福嗎？幸福的標準又是什麼呢？許多人都不知道，因爲他們的心靈被欲望佔據久了，已經有些麻木了。

幸福到底是什麼？許多人都在問。其實得到幸福很簡單，聽一聽自己內心的聲音，扔掉那些對自己來說十分奢侈的夢想和追求，你就會被幸福所包圍。

有位著名的心理學家說：「一個人體會幸福的感覺不僅與現實有關，還與自己的期望值緊密相連。如果期望值大於現實值，人們就會失望；反之，就會高興。」

一隻老貓見到一隻小貓在追逐自己的尾巴，便問道：「你為什麼要追自己的尾巴呢？」

小貓回答說：「我聽說，對於一隻貓來說，最為美好的便是幸福，而這個幸福就是我的尾巴。所以，我正在追逐它，一旦我捉住了自己的尾巴，便能得到幸福。」

老貓說：「我的孩子，我也曾考慮過宇宙間的各種問題，也曾認為幸福就是自己的尾巴。但是，我現在已經發現，每當我追逐自己的尾巴時，它總是一躲再躲；而當我著手做自己的事情時，它卻形影不離地伴隨著我。」

同樣的道理，在現實生活中，人們總是喜歡拚命地追求、索取，以爲這樣便可以得到幸福。殊不知，當你費盡心機地實現了這個目標，消除了一個煩惱，很快你又會有新的沒有實現的目標出現，又會有新的煩惱，如此反覆，永無盡頭。事實上，人們追求的東西往往是自己並不需要的。

其實，追求幸福最有效率的方法就是「降低你的欲望」。通過心理調節，使自己能夠平靜地對待目標，從而減輕或消除心理負擔，幸福就會悄然而至。在世界上所有獲得幸福的途徑中，這種方法的投入產出比最高，它基本上不用你花一分錢，有時甚至能省錢。

一位智者說：「人生不同的結果起源於不同的心態。」的確，假如世界變得灰暗，那是你自己心中不夠燦爛。只要降低一份欲望，你便會得到一份幸福。

4 婆娑世界，保留缺陷才好

蠅愛尋光紙上鑽，不能透過幾多難。忽然撞著來時路，始信平生被眼瞞。

——古靈禪贊禪師詩偈

很多人總是冀望找尋來時的路，唯恐丟失了自我的本真，卻常陷落在樹欲靜而風不止的境地裡。

佛曰：這是一個婆娑世界，婆娑即遺憾。沒有遺憾，給你再多幸福也無法體會到快樂。

弘一法師說：佛經裡說的婆娑世界是指「人的世界」，也就是永遠存在缺憾而不得完美的世界。熙熙攘攘，來來去去，皆爲利往。人活在這婆娑世界中就要受苦，而這苦字當頭卻也不見得立時就能體會，便是體會了也不等於解脫。看得破卻未必能忍得過，忍得過卻又放不下，放不下就是不自在。苦海無邊，回頭無岸。但凡是能叫人真正自在的東西，總是發自內心的，所以岸不用回頭去看，因爲它無時不在。

被完美主義理想控制的生活其實並不完美，甚至是暗淡無光的。它阻擋了我們成長的道路，讓我們不能感受幸福。這種阻隔是情感上的，也是精神上的，有時甚至是身體上的。事實上，生活中的智慧大多是從失敗的教訓中獲得的，而非源自成功的經歷。失敗教我們學會謙卑，讓我們學會向他人尋求幫助和指導，同時也讓我們懂得應該允許他人犯錯。

在一次古董拍賣會上，一件稀世珍寶被一位收藏家以極高的價格拍下。收藏家身邊的朋友說：「唉，可惜了，這件古董有一絲裂痕，否則就更加完美了！」

收藏家卻說：「這個世界上有什麼是絕對完美的？我喜歡這個古董，也喜歡這絲裂痕。每個瑕疵都代表著一段故事，有故事的古董才具有收藏價值。」

從經濟角度上說，這絲細微的裂痕的確讓古董大打折扣。但真正的收藏家不是因為利益而去珍藏，他們更想要的是那份歷史滄桑感。生活其實也一樣，每個人都想珍藏一段完美無缺的美好記憶，可真正懂得生活的人卻明白，只有遺憾的缺失才能永遠被人深深記住。

正如弘一法師認為：對於一個人來說，有缺陷確實是一件非常殘酷的事情，可不能因此而自卑消沉。既然缺陷無法改變，那就要正視缺陷，把缺陷當成前進的動力，而不是沉重的負擔，這樣一來，缺陷也就變得有價值了。

5 學會變通——境無好壞，損益在人

凡夫轉境不轉心，聖人轉心不轉境。菩薩以正覺為習慣，眾生卻以煩惱為習慣。山不轉路轉，境不轉心轉。境無好壞，損益在人。

——海濤法師

寺廟裡，有一位修為深厚的老和尚，他身邊聚攏著一幫虔誠的弟子。

這一天，他囑咐弟子們：「徒兒們，你們每人都去南山打一擔柴回來。」弟子們匆匆告別師父下山。但行至離南山不遠的河邊，眼前的一幕卻讓所有弟子都目瞪口呆——只見河水從山上奔瀉而下，阻住了去路，弟子們根本無法渡河去打柴，眾人只得悻悻而歸，無功而返。

弟子們多少都有些垂頭喪氣，唯獨一個小和尚與師父坦然相對。

老和尚笑問：「打不成柴，大家都很沮喪，為何你卻如此淡定？」

小和尚看了看師父，從懷中掏出一個蘋果，遞給老和尚，說道：「雖然過不了河，打不了柴，但我卻看見河邊有棵蘋果樹，上邊還結了蘋果，我就順手把這唯

一的蘋果摘來了。」後來，這位小和尚成了老和尚的衣缽傳人。

弘一法師認爲：「老和尙要求眾弟子外出打柴的目的肯定是要做飯，但打不了柴就做不了飯，做不了飯就會腹中空空。因此，小和尙採摘了一個蘋果，這反映出小和尙在生活中是一個有心人，明白老和尙的本意。而老和尙肯定知道通往南山要途經一條大河，所以他叫眾弟子去打柴肯定不單純是打柴的意思，可能是爲了考驗弟子們的應變能力，而老和尙最終目的是爲了塡飽肚子，顯然，處事靈活的小和尙做對事情了。」

世上有走不完的路，卻也有過不了的河。遇見過不了的河掉頭而回，是一種生存智慧；而在河邊摘下一顆新「蘋果」，無疑是一種更大的生存智慧。暦覽古今，抱持這樣一種生活信念的人，最終大都實現了人生的突圍和超越。

兩隻螞蟻想翻越一堵牆，尋找牆那頭的食物。

一隻螞蟻來到牆腳便毫不猶豫地向上爬，可是當牠爬到大半時，卻由於勞累、疲倦而跌落了下來。但牠並不氣餒，一次次跌下來，又迅速地調整自己，重新開始向上爬。

另一個螞蟻觀察了一下，決定繞過牆去。很快地，這隻螞蟻繞過牆來到食物前，開始享受起來。

而第一隻螞蟻則仍然沉浸在「不停地跌落又重新開始」的循環中。

目標可以是一個，抵達目標的路線卻可以有所不同。在實現目標前，切忌一頭栽進去，我們需要靜下心來琢磨琢磨選擇哪種路線更有效。有時，選擇比努力更重要，尤其是當你的努力收效甚微時，更需要放下執念，學會變通。

那麼，如何才能做到變通呢？

●告誡自己，有些事情必須選擇妥協

池田大作曾說：「權宜變通是成功的秘訣，一成不變是失敗的夥伴。」的確，想要成功，除了要堅持到底之外，最重要的是必須在該轉身和變通的時候，及時改掉食古不化、固執己見的性格缺點，否則只會讓自己離成功越來越遠。所以，我們要告誡自己：有些事情必須放下執念，選擇妥協。

有位偉人說得好：「根據情景的變化，及時調整人生的航線是量力而行的睿智和遠見，放棄已不再適合局勢的航線則是顧全大局的果斷和膽識。」

●要養成學習新知識、接觸新事物的習慣

絕大多數執念的人，都是一些思想狹窄、看問題片面、不喜歡接受新事物的人。由於思維方式偏激，觀念固定重複，他們在大腦皮層形成了一個「情性興奮中心」，一旦某種思想觀念深深地紮根其中，就很難容下其他觀點。因此，要想放下執念，就得不斷學習新

知識，接觸新事物，開闊自己的思路，養成不斷更新思維方式的習慣。要知道，人生如戲，每個人都是自己生命唯一的導演。只有懂得選擇新事物、放棄舊事物的人才能夠徹悟人生，笑看生活，擁有海闊天空的幸福境界。

●要善於克制自己，保持適度的自尊

自尊心過強是導致執念的重要原因，而執念又常在虛榮心的滿足中得到發展。「自尊」作為人的一種精神需要固然是必要的，也是良好的。但自尊心過強，並且若不是靠智慧、技能、高尚品格獲得，而是用執拗、頂撞、攻擊、無理中辯來強求，就會發展為固執。固執的人為了達到自己的目的所表現出來的「堅持到底」的行為，與真正的百折不撓、頑強不屈的精神是不能相提並論的。因此，要想避免陷入執念的泥潭不可自拔，就得加強自我調控，善於克制自己，以保持適度的自尊。

●做事認真而不迂腐，靈活而有原則

做事太認真的人，往往會變得頑固執拗。太認真會讓人看不清楚周圍真實的情況，最後受害的只會是自己，自己受傷、吃虧還不知道為什麼。簡言之，就是認真的生活態度是需要的，但認真過頭就大事不妙了。

6 踏踏實實修當下

平時說再多的理論，遇到事情，不知道解決的方法，不能善巧處理，就是沒有智慧，沒有體證到佛法的精妙，就更需要放下自己，踏踏實實修當下。

——聖嚴法師

修行路，人生路，不要怕難題。難題來了，正好可以檢驗修行的德行和智慧的天平，那是一桿秤。

再多理論，不能自如地運用實踐於工作生活中，都是枉然。生活中難免會出現逆境，佛教經常勸勉大家，處理棘手的問題時，應該坦然地面對它、接受它、處理它、放下它。也就是說，遇到任何困難、艱辛、不平的情況，都不能逃避，因爲逃避不能解決問題，只有用智慧將責任擔負起來，你才能真正從困擾的問題中獲得解脫。

下面是佛教中一些面對煩惱的方法和技巧。

如何面對問題？

即是告訴自己：任何事物、現象的發生，都有一定的原因。我們不須追究原因，也無暇追究原因，唯有面對它、改善它，才是最直接、最要緊的。

很多人都說：我是好人，爲什麼卻要遭受這麼多的苦難呢？要知道，有物質之身就有果報，就有障礙，如同有山川大地，就有風雨雲霧。大修行者也是要受果報的，佛陀曾遭大石塊擊傷，也曾罹患重病。但是果報和障礙未必會招來煩惱，大修行者跟凡夫的差異就在於此。凡夫被自身的遭遇所苦，信心就會退轉；大修行者可以放下自我，不被煩惱所障。我們學佛，就是要學習佛的智慧，清楚辨知煩惱的緣起，面對它，接受它，處理它，放下它。

因果必須配合因緣

對於任何情況，如果能夠改善它，就應當即予以改善；若不能改善，那就面對它、接受它，絕不逃避，但是要盡力改善。逃避責任、逃避果報是不合算的，改善情況才是最聰明的選擇。經過計畫的事物不一定完全可靠，也會發生意料之外的情況，這時候，你應該接受它，然後想辦法處理它，因爲，因緣就是如此。

所以，如果你期待計畫好的事在過程中發生了問題，不必傷心，也不必失望，而應繼續努力，促成因緣，這樣還有成功的機會；如果經過詳細的考慮，判斷因緣不可能促成，那就放下它，但這和未經努力就放棄是截然不同的。

●**放不下自己是沒有智慧，放不下別人是沒有慈悲。**

能作如此想者，對一切人都會生起同情心與尊敬心，同情別人也是具縛的凡夫，尊敬人家也有獨立的人格。

平常生活中，禪如何教人安心？禪的態度是：知道事實，面對事實，處理事實，然後把它放下。無論遭遇何種狀況，都不會認爲它是一件不得了的事，如果已經知道可能會發生什麼不如意的事，能讓它不發生是最好的；但如果一定要發生，擔心又有什麼用？擔心、憂慮不僅幫不了忙，還有可能令情況變得更嚴重，唯有面對它才是最好的辦法。

聖嚴法師說：「我常常遇到一些好像正被困在火海中的人來向我求救。通常我會傾聽他們的問題，知道他們所焦慮的什麼，但不會將他們的焦慮變成我自己的夢魘。我給他們的建議有一個原則：對感情的問題，宜用理智來處理；對家族的問題，宜用倫理來處理；即使發生了不得了的大事，也應用時間來化解、淡化；如果真是無法避免的倒楣事，那只有面對它、接受它。能夠面對它、接受它，就等於是在處理它，既然已經處理了，也就不必再爲它擔心了，應該將其放下。不要老是想著：『我怎麼辦？』而應睡覺時照樣睡覺，吃飯時照樣吃飯，該怎麼生活就怎麼生活。」

7正確的價值觀是取捨的明燈

小時候，我們看到陀螺旋轉時，常滿懷喜悅，因為我們感受到了它內在的平衡。當心靈自由時，你不僅能控制你想做的事，也能操縱不想做的事。

——弘一法師

正所謂「有所爲，有所不爲」，人的精力是有限的，只有放棄一些事情，才能在別的事情上做出成績。所以，我們要學會審時度勢，懂得取捨，堅持值得堅持的，放棄或者暫時放棄某些無關緊要的事情。

有一個年輕人很有才華，但他的事業卻發展得很不順利，為此，他去請教一位智者。智者見了他之後，並沒有給他講什麼人生道理，只是問他喜歡吃什麼，然後請他大吃了一頓。

智者讓人擺了滿滿一桌子山珍海味，都是年輕人愛吃的，有些更是只是耳聞，卻從來沒有機會品嘗。開始用餐時，年輕人揮動筷子，每個菜都不放過，想要全部都嘗盡，所以當用飯結束後，他吃得非常飽。

智者見他酒足飯飽，就問他：「你吃的都是些什麼味道？」

年輕人摸了摸肚子，很為難地說：「太多了，哪裡還分得清楚。」

智者又問：「那你感覺吃得舒服嗎？」

年輕人聽了一愣，訕訕道：「肚囊撐漲，非常痛苦。」

智者笑了笑說道：「是啊！人的肚囊還真是有限啊！」

年輕人看了看滿桌都只是淺嘗幾口的菜肴，頓時徹悟。

年輕人每一樣菜肴都不放過，所以他將自己撐得非常痛苦，而他每一樣都僅是淺嘗即止，所以每一樣都無法體會到其中的味道。這就好比人生，人的一生會遇到太多美好的東西，但是我們不可能每一樣都去追逐，因爲我們沒有那個精力。

在日常生活中，我們會面臨許多取捨，小到一件衣服、一雙鞋子、一份午餐的選擇，大到一份工作、一段感情。許多人都曾經在一份艱苦的工作中掙扎很久，或是在一段不適合自己的愛情面前徘徊不前。雖然你知道這些並不適合你，但就是無法捨棄，無法從容地對它說再見。

所以，在面臨取捨的時候，我們要學會思考，清楚什麼該放棄，什麼不該放棄。一次選擇是一次丟失，一次丟失也是一次獲得。

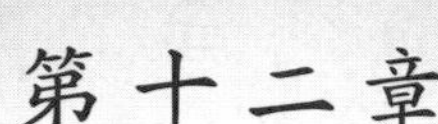

第十二章

感恩惜福，功德圓滿

著名作家羅曼・羅蘭說：

「只有把抱怨別人和環境的心情化為上進的力量，

才是成功的保證。」

人們只有學會感謝那些曾經折磨過自己的人或事，

才能看見自己心中的遠闊，重新認識自己。

1感謝折磨，讓我們更強大

只有歷經折磨的人，才能夠更快、更好地成長，生活，只能在折磨中得到昇華。

——證嚴法師

你在遭受工作的折磨嗎？

在遭受失戀的折磨嗎？

在遭受病痛的折磨嗎？

……

無論你正在經受什麼樣的折磨，都應該對折磨自己的那些事抱持一種感謝的態度，因爲那是命運給你的一次戰勝自我、昇華自我的機會。

你要清楚，折磨你的事不一定都是壞事，它也許能讓你從中學會面對傷害，重新認識挫折，不停尋找出路，突然醒悟，然後發現一個全新的自己。

想獲得一個不一樣的人生，你就要認清那些折磨過自己的人和事。當你的心化浮躁爲平靜後，你就會認識到，生命中的每件事、每個人，都會給自己一個獲得能量、昇華自己、向更高更遠處前進的機會。

著名作家羅曼・羅蘭說：「只有把抱怨別人和環境的心情化爲上進的力量，才是成功的保證。」人們只有學會感謝那些曾經折磨過自己的人或事，才能看見自己心中的遠闊，重新認識自己。

每個人都擁有一個未知的人生，很多事情都是難以預料的。人生在世，免不了要遭受苦難，如遭遇亂世或災荒，患上危及生命的重病，失去朋友、親人等，還有那些發生在生活中的重大挫折，如失戀、婚姻破裂、事業失敗等。

人的一生總要經受很多折磨，承受各種苦難。有些人在面對種種折磨時，聽天由命，最後平庸地度過一輩子；有些人則能直面這一切，並戰勝它們，最終擁有幸福快樂的一生。

生命是一次次蛻變的過程，唯有經歷各種各樣的折磨，才能增加生命的厚度。一個懂得感謝折磨的人，更容易心想事成。在別人眼中，苦難、挫折和失敗如洪水猛獸，但在他們眼中卻自有美好之處，也正是因爲經歷了這些，他們的人生才變得與眾不同。

在這個世界上，只有一件事比遭遇折磨更糟糕，那就是從來不曾被折磨過，因爲人的潛能往往在遭受折磨的過程中被激發出來。

然而，現實卻是很多人從來不懂得感謝生命中的那些折磨，他們總是爲自己尋找各種理由和藉口，稍有困難和危險就會馬上退縮，或繞開問題走。

在一個黑漆漆的屋子裡，教授帶著十個學生過一座獨木橋。教授對他們說：「你們什麼都不用想，只要跟著我走就行了。」

這十個人跟在他後面，穩穩當當地走過了獨木橋。

然後，教授將屋裡的燈一盞盞打開，眾人定睛一看，嚇得面如土色。原來橋下水池中正來回游著十幾條鱷魚。

這時，教授一個人不慌不忙地走到橋的另一端，對對面的學生說：「不要擔心，我們已經做好了相應保護措施，很安全，你們再走過來試試。」

眾人皆搖頭，沒有一個人願意過去。

一個學生問：「如果我們掉在橋下的網上，把網砸破了怎麼辦？」

「橋與水池中間的那個鐵絲網很結實，即使你們落在上面也不會發生任何意外。」

又有人問：「如果鱷魚躍出水面，將網撕破，我們不就危險了嗎？」

「你們放心，我已經做過多次實驗，鱷魚是搆不到那張網的。」教授又解釋。

學生們你一言我一語地問教授，教授都一一解答。當他們所擔心的所有不確定因素都被教授排除以後，大家還是顧慮重重，沒有人願意冒這個險。

通過這個實驗，我們可以看清一些人遇到問題時的表現。生活中，很多事情是我們無法避免的，當經歷過那些生命中的挫折和磨難時，我們該如何看待？心態決定命運，同樣也決定如何看待那些折磨過我們的事。人是各種觀念的集合體，有什麼樣的觀念，就會得到什麼樣的人生。

2 感謝你的敵人，讓你更優秀

你永遠要寬恕眾生，不論他有多壞，甚至即使他傷害過你。你一定要放下，才能得到真正的快樂。

——達摩大師

《菜根譚》裡有一句話：我貴而人奉之，奉此峨冠大帶也；我賤而人侮之，侮此布衣草履也。然則原非奉我，我胡爲喜；原非侮我，我何爲怒？

沒有人能贏得全世界的喜愛，總會有人表現出對你的不滿，和你暗暗較勁，甚至背後中傷你。然而，也正是這樣的人讓你不得不警惕，幫你躲過人生中一個又一個陷阱，迫使你不斷地增長智慧和才幹。你應該爲你擁有一個強大的敵人而驕傲，因爲敵人的實力也從另一方面反映出了你的實力。

優勝劣汰是誰也無法逃避的自然法則，公正而又殘酷。爲了避免這種可悲的結局，我們應該努力強化自己，勇於競爭，這樣才能戰勝敵人、超越對手。

有人曾說過，你的敵人就是你最好的老師，你可以討厭他，但必須向他學習。

只有在和別人的角逐和較量中，我們才會收起所有的懶散和藉口，全力以赴地應對別人的挑釁，從而表現出超常規的毅力和智慧，甚至達到自己都難以相信的境界。這些都離不開對手的存在，是敵人讓我們發揮出了無限的潛能。

敵人並不可怕，沒有敵人才可怕。

有時候，仇敵會對你更好些，朋友反倒對你更壞些。因為，朋友往往會出於善意的保護，為你編織一個又一個美麗的謊言，讓你躺在自己的缺點上沾沾自喜，意識不到自身存在的問題。只有敵人才能激發出你最大的潛能，讓你投入全部的精力去跟他一爭高低，也許，正是他的存在才讓你變得更加優秀。

看看你身邊的敵人，往往從他的身上，你才能真切感受到自己的水準，認識到自己的缺點和不足。

3 感謝生活，苦日子也要甜過

生活的滋味要靠自己去調，你往裡面加「鹽」，它自然就鹹；你往裡面加「糖」，它就會變甜。

——弘一法師

不少人都覺得自己的日子過得苦，其實細想一下，誰的日子過得不苦呢？即便是那些大款老闆們，日子也未必都是甜的。但不同的是，有些人苦日子也能過甜，而有些人卻總是將自己沉溺在苦中。

日子是苦是甜，並不在於物質生活的好壞，而取決於人的內心。假如你認爲自己的生活無藥可救，那麼你的一生就會在窮困潦倒中度過；假如你覺得可以有所改變，那麼，你就能夠坦然面對任何困難。所以，如果你想讓自己的日子過得有滋有味，就讓自己學會苦中作樂吧。

生活中總有一些人面對苦日子時能夠自得其樂，那是因爲他們懂得笑對人生。

弘一法師出生在富貴之家，在青年時代有過歌舞昇平的奢華日子。出家之後，生活一下子變得極其清苦。

有一天，夏丏尊和弘一法師在一起吃飯時，有一道菜太鹹了，而弘一法師卻沒有表現出任何異樣，夏先生不忍心地說：「難道你不嫌這菜太鹹嗎？」

弘一法師回答說：「鹹有鹹的味道！」

吃完飯後，弘一法師手裡端著一杯開水，夏先生問：「沒有茶葉嗎？怎麼每天都喝這無味的白水？」

弘一法師又笑了笑說：「白水雖淡，但淡也有淡的味道。」

「鹹有鹹的味道，淡有淡的味道」，弘一法師把佛法應用到了自己的日常生活中，他的人生，無處不是味道。一條毛巾用了三年，已經破了，他說還可以再用；住在小旅館裡臭蟲爬來爬去，別人要給他換房間，他說只有幾隻而已。

可以說，弘一法師真正做到了「隨遇而安」。

花兒每天都在綻放自己美麗的笑臉，不會因你的哀怨而有所懈怠。所以，當你覺得苦的時候，笑一笑！把苦日子過甜，是一種恬淡的榮辱不驚，是一種靜謐的居安思危，是一種頓悟的豁然開朗，也是一種達觀的胸無城府，更是一種睿智的運籌帷幄。

4 感謝死亡，讓我們收穫生的徹悟

一切眾生於無生中，妄見生滅，是故說名輪轉生死。

——《圓覺經》

《圓覺經》中說：「一切眾生於無生中，妄見生滅，是故說名輪轉生死。」也就是說，真正的生命是生而不生的，是無生的。

那麼，什麼是生滅呢？南懷瑾先生在一次講課時解釋說：「例如，我現在講話，各位在聆聽抄寫，動一下，顯出一個現象來，經過一段時間空間，又消滅了，一生一滅，一來一往，我們眼睛所看到的、耳朵所聽到的，乃至心裡所想的，這一切的一切都是生滅法。假如我們被這些生滅的現象所轉，就是凡夫。假如能夠發覺在這生生滅滅之中，有個不生不滅的，生而不生，滅而不滅，動而不動，無形無相，就可以如佛經所說：『證無生法忍，登菩薩地。』就可以不須斷除生滅，不在生死之中。」

傳說老子在一次出行時路過函谷關，給當地的府衙留下了長達五千字的《道德經》，當地有一個年逾百歲的老翁聽說後，就趕到府衙找他，老子在府衙前遇見了這位鶴髮童顏的老翁。

「我聽說先生很有學問，就有幾個問題想要向先生請教個明白。」老翁對老子略略施了個禮後說道。

「您請說。」老子還禮後說道。

老翁得意地說道：「我今年已經一百多歲了，實不相瞞，從年少時期開始直到現在，我都沒有怎麼勞累過，可以說過著一種遊手好閒的日子。現在，跟我年紀相仿的人們都已經先後去世了，他們生前一直都在辛勤勞作，開墾了百畝良田，也建成了好幾座房屋，可是他們現在呢？只不過是置身於荒郊野外的孤墳罷了。」

老翁停頓了一下，接著說：「再看看我自己，我從來沒有做過農活，也沒有為自己添過一磚一瓦，但是我依然能夠居住在一個避風擋雨的房舍中。他們忙忙碌碌勞作一生，最後只是給自己換來一個早逝，我現在是不是可以嘲笑他們的愚蠢呢？」

聽完老翁的話，老子微微一笑，讓人找來一塊磚和一塊石頭。

老子將磚和石頭放在老翁面前，說道：「如果磚頭和石頭二者只能選其一，請問您願意選哪個？」

「我當然選磚頭。」老翁把磚頭取來放在自己的面前說。

「為什麼呢？」老子笑著問老翁。

老翁指著石頭，得意地說：「磚頭是用得著的東西，而這石頭沒棱沒角的，沒法用。」

大家都說不要石頭要磚頭。

老子回過頭來問老翁：「那你說說是磚頭壽命長，還是石頭壽命長？」

「當然是石頭了。」老翁回答說。

「石頭的壽命比磚頭長，可是人們卻寧願選擇磚頭而不選壽命更長的石頭。」老子笑著說道，「壽雖短，於人於天有益，天人皆擇之，皆念之，短亦不短；壽雖長，於人於天無用，天人皆摒棄，倏忽忘之，長亦是短啊。」

老翁聽完老子的話，頓時感到羞愧不已。

人生的意義不在於壽命的長短，而在於是否做出了貢獻，是否活得有價值。如果活著卻對人、對己都沒做過有用的事，即使壽命再長又有什麼意義呢？

南懷瑾先生說：「今天我們講的、聽的，一切所作所爲都是假的。人生如戲，我們現在是在唱戲，演父母的就要像父母，要演得大家都叫好。但是，不要忘了你是在唱戲，唱完戲，卸了妝，都要到殯儀館去報到，這一切都是假的。但是，一般人唱戲都唱昏了頭，上了台就下不來，上臺容易下臺難。」

佛經上說：生即是死，死即是生。南懷瑾說：「生生死死是現象的變化，我們那不生不死的真我，並不在此生死上，你要能找到這真生命，才可以了生死。注意，我們那不生不死的道，『非作故無』，不是造出來的，也不是修出來的……你修它沒有多，你不修它也沒有少，它不是造作出來的。空本來就是空，不是你修出來的。」佛家認爲，生生死死無非是世間輪迴，只要生得有意義，死又有何懼。只有放開心中對生和死的執著，才能做到大徹大悟。

5當下的幸福才是幸福

悟道者不因利害、毀譽、褒貶、苦樂等而動搖。畢竟這一切遲早都會成為過去。

——《般若波羅蜜多心經》

佛經常勸諫世人要「活在當下」。《般若波羅蜜多心經》中說：「悟道者不因利害、毀譽、褒貶、苦樂等而動搖。畢竟這一切遲早都會成爲過去。」記住，人生的重點就是眼前，人必須全神貫注於當下，全身心地投入到現在的生活當中，當下的幸福才是幸福。

在一座寺廟裡，一隻聽了一千年禪理的蜘蛛在佛法的薰陶下漸漸悟出了一些禪理。蜘蛛覺得檀香好聞，但是一陣風吹走了檀香所留下來的所有香味。

這時候，佛祖來到牠的身邊問牠：「你說，人世間最痛苦的是什麼？」

蜘蛛想起了被風吹走的檀香，歎了口氣說：「人世間最痛苦的是得不到和已失去。」聽到這樣的回答，佛祖無奈地離去了。

一千年後，蜘蛛織了一張很大的網，突然，一顆甘露掉到了網上。蜘蛛覺得甘露很美，可甘露也被風吹走了。

佛祖再一次問蜘蛛那個問題，蜘蛛想到甘露，便很傷心地說：「人世間最痛苦的是未得到和已失去。」

聽了蜘蛛的回答，佛祖決定讓蜘蛛到人間走一遭。蜘蛛投胎成為了一名官家千金。後來，狀元甘鹿受封，蛛兒同許多小姐都鍾情於他的才華。不料，皇上將長風公主賜給了狀元。蛛兒很傷心，大病不起。愛戀蛛兒的太子總是陪在她的身邊，但蛛兒從不多看他一眼。

這時，佛祖再一次來到蛛兒面前，問她：「蛛兒，你現在覺得人世間最痛苦的是什麼？」

蛛兒仍說：「人世間最痛苦的是得不到和已失去。」

佛祖搖了搖頭，說：「甘露本是風帶來的，那甘鹿也是長風公主帶來的，自然也應該由她帶走。而太子本是在你網邊守護你三千年的草，可你卻從不看他一眼。人世間最痛苦的不是得不到和已失去，而是忽略了現在的幸福。」

如果問什麼是最珍貴的，那就是我們現在所擁有的，只要靜下心來，仔細品味自己已經擁有的一切，你就會發現，一切美好的事物就在自己身邊。

6 無論順境、逆境，都要有一顆感恩的心

處逆境，心須用開拓法。處順境，心要用收斂法。

——弘一法師

當人們身處順境的時候，很容易擁有感恩之心，然而真正的感恩並不僅限於在順境中，在逆境中同樣要懂得感恩。無論順境、逆境，都要有一顆感恩的心。無論你是尊貴還是卑微，無論你生活在何地何處，無論你有著怎樣的生活經歷，只要常懷感恩的心，就必然會不斷地湧動著諸如溫暖、自信、堅定、善良等這些美好的處世品格，而這一切又將讓你擁有一個豐富而充實的生命。

有一座寺院供奉著一尊觀音菩薩像，因為有求必應，所以香火非常鼎盛。

一天，寺院的看門人對菩薩像說：「我真羨慕你，你每天輕輕鬆鬆不發一言，就有這麼多人送來禮物，哪像我這麼辛苦，風吹日曬才能得個溫飽。」

這時，看門人聽到菩薩說：「好啊，我下來看門，把你換到神臺上去。但是

有一條要記牢，不論你看到什麼、聽到什麼，都不許說一句話。」這位看門人覺得這個要求太簡單了，便同意了。

有一天，來了一位富商，富商祈禱完後，忘記拿手邊的錢便離開了。接著來了一位三餐不繼的窮人，他希望觀音菩薩能幫助他度過生活的難關。當要離去時，他發現了先前那位富商留下的袋子，打開袋子一看，裡面全是錢。

窮人高興得不得了，以為是觀音菩薩顯靈，便萬分感謝地離開了。

之後，又來了一位要出海遠行的年輕人，他是來祈求觀音菩薩降福平安的。正當他要離去時，富商衝了進來，抓住年輕人的衣襟，要年輕人還錢，兩人吵了起來。

這個時候，看門人終於忍不住開口，向二人講清了原由。既然事情清楚了，富商便去找看門人所形容的窮人，而年輕人則匆匆離去，生怕搭不上這班船。

這時，真正的觀音菩薩出現，指著神臺上的看門人說：「你快給我下來吧！那個位置你沒有資格幹。」

看門人說：「我把真相說出來，主持公道，難道不對嗎？」

觀音菩薩說：「你錯了。富商並不缺錢，可是對那窮人而言，那筆錢能解決他一家大小的生計問題。最可憐的是那個年輕人，如果富商一直糾纏他，延誤了他出海的時間，他就能保住一條命，而現在他所搭乘的船正沉入海中。事實上，好與不好，往往要在過了一段時間之後才能判斷，當初我們認為最好的安排，過一段時間看未必好，甚至有可能變成最差的結局。因此，我們必須相信：當前我們所擁有的，不論順境、逆境，都是對我們最好的安排。」

人們都渴望順境，「萬事如意」「一帆風順」這些美好的祝福語代表了人們想要順境的心情。然而，人的一生中，有順境，也有逆境。順境時，我們要感謝命運，感謝那些幫助自己的人；逆境時，我們也要有一顆感恩的心，因爲逆境並不一定是壞事。

逆境能鍛煉人、成就人。在我國歷史上，「文王拘而演《周易》；仲尼厄而作《春秋》；屈原放逐，乃賦《離騷》；左丘失明，厥有《國語》；孫子臏腳，兵法修列；不韋遷蜀，世傳呂覽」。在國外也不例外，釋迦牟尼、穆罕默德，無不是在深刻的苦難中磨煉出堅強的意志，超越自我，最終創立了偉大的學說或宗教理論。天行健，君子以自強不息。可見，相對於順境，逆境更能夠鍛煉人，使人堅強。前人留下的精神財富都是在逆境中完成的。

所以，你必須相信：目前自己所擁有的，不論順境、逆境，都是對自己最好的安排。只有如此，你才能無論在順境還是逆境中都懂得感恩。

7 及時表達自己的感激之情

日月照諸花，無有恩報想，如來無可取，不求報亦然。

——文殊大師

記住，要對幫助過你的人說聲「謝謝」，也要爲別人對你的啓發教誨說聲「謝謝」，即使只是一些微不足道的小事，也要表達你的感激之情。

維持良好的人際關係，表達心意最簡潔的一句話就是「謝謝」。誠懇地說聲「謝謝」能帶給對方最大的滿足和感動。

「謝謝」雖然是一句簡單的話語，但只要你運用得當，就會給別人留下深刻的印象。每個人爲他人付出努力，都希望獲得預期的結果和回饋資訊，特別是當他人爲你提供了某些幫助時，儘管對方口頭上說「這是應該的」「沒什麼大不了」「不值得一提」，但是，在他人的內心，是希望得到你的重視和認可的。你的一句話、一個笑臉便能讓他人備受鼓舞，繼而再接再厲。

美國的心理學家和行爲科學家斯金納認爲，人或動物爲了達到某種目的，會採取一定的行為作用於環境。當這種行為的後果對他有利時，這種行為就會在以後重複出現；不利時，這種行為就減弱或消失。人們可以用這種正強化或負強化的辦法來影響行為的後果，從而修正其行為，這就是強化理論。

所謂強化，從其最基本的形式來講，指的是對一種行為的肯定或否定的後果（報酬或懲罰），它至少能在一定程度上決定這種行為在今後是否會重複發生。根據強化的性質和目的，可把強化分為正強化和負強化。正強化就是鼓勵那些自己需要的行為，從而加強這種行為；負強化就是懲罰那些與自己的預期不相容的行為，從而削弱這種行為。

在社交上，正強化的方法包括認可、表揚、給予物質回饋等；而負強化的方法包括批評、蔑視、遠離他人等。

當別人給你提供了幫助，你要及時地表達自己的感激之情，你的感激之情表達得越充分、越及時，他們就越會覺得自己的付出是有意義的。否則，他們會認為自己「費力不討好」、「白幫忙」了。這樣，當你再有困難的時候，所有的人都可能離你遠去。

每個人都希望自己的付出能得到一定的回應，這種回應不一定要是物質上的等同回應，精神上的鼓勵同樣會讓他們有一種滿足感，讓他們覺得他們給你提供的這個方便是值得的、有價值的。

我們平時說謝謝時，通常是基於禮貌，但若你想要表達一種內心的感激，只說謝謝是遠遠不夠的，必須配合相應的表情和聲調，讓對方感覺到「他在跟我道謝呢」。所以，在道謝的時候，最好加上對方的名字，如「謝謝你呀，小張」，「李經理，非常感謝你」。

當你加入了對方的名字，就等於把對方拉進了被感謝的角色。

另外，在表示感謝的時候，如果你能把感謝事由加入感謝的話中，對方的感覺會更勝一籌，你也會顯得更加誠懇。比如，「真謝謝你呀，小張，要不是你，我找不到這麼好的工作」，「謝謝你幫我改了論文，讓我的論文獲得了第一」，「要不是你幫我渡過難關，我還不知道怎麼應付這次失業呢」，諸如此類的話，會更加地強化對方的重要性。他會感到，你是真的記得他的好。

別人幫了你的忙，你表示感謝是理所當然的；但是如果別人答應幫你，盡力了卻沒有幫上忙，你該如何呢？抱怨別人不該答應你？指責別人沒有爲你多盡力？或者是什麼也不說，就當沒發生過？

不管怎麼樣，只要對方付出了努力，無論結果如何，你都要表示感謝，否則就會讓人認爲你是個勢利的人。在這種情況下，你可以說：「我知道你已經盡力了，謝謝你！」「真不好意思，讓你爲難了！」「這件事的難度確實太大，我自己再想其他辦法，但還是非常感謝你的幫忙！」

對方聽到這樣的話，心裡肯定會感到很舒服，甚至爲沒有幫上你而感到愧疚，下次你遇到困難時，他們一定會盡最大的努力來幫你，以「彌補」這次對你的「虧欠」。

記住，對幫助過你的人要記得說聲「謝謝」，對別人對你的啓發教誨要說「謝謝」，即使只是一些微不足道的小事，也要表達你的感激之情。

8 懂得惜福，用心去感受真正的福報

不要用貪婪、嗔怒、愚癡的眼睛看這個世界，別忘了你還有美麗、智慧、悲憫、寬恕的另一隻眼。

——慧律法師

有一天，在一個小鎮上，一位九十多歲的老人要過生日，很多人都來祝賀這位壽星，連當地的記者也來了。

老人自豪地對記者說：「我是這兒最富有的人。」

政府的一位稅收人員聽說了這件事後，覺得很是疑惑，因為自己工作這麼多年來，從來沒有從老人那裡收過任何的所得稅。

為了弄清事情的真相，稅收員找到老人的住所，問他：「聽說您是本地最富有的人，這是真的嗎？」

「當然。」老人爽朗地回答道。

稅收員仔細地觀察了一下老人住的房子，但是怎麼看也不像是富有人家該有

的。於是，稅收員接著問：「您能告訴我您具體有多少財富嗎？」

老人說：「身體健康是我的第一項財富，別看我現在已經九十多歲了，我的健康狀況可未必會輸給那些小夥子們。」

對於老人的回答，稅收員有些驚訝，他接著問：「那您還有其他財富嗎？」

「跟我一起生活了六十多年的賢慧妻子也依然健在，我的孩子們聰明又孝順，好多人都很羡慕我呢！」

「您有銀行存款或其他有價證券嗎？」稅收員又問。

「沒有。」老人十分乾脆地回答。

「那除了這所房子，您還有其他不動產嗎？」稅收員不死心地問。

老人仍然回答說沒有。

稅收員肅然起敬。「老人家，您的確是本地最富有的人，並且您的財富是誰也拿不走的。」他真誠地說。

弘一法師說：「真正的福報是什麼呢？清淨無爲。心中既無煩惱也無悲，無得也無失，沒有光榮也沒有侮辱，正反兩種都沒有，永遠是非常平靜的，這個是所謂上界的福報——清福。」

把一切看淡點，看輕鬆點，看無所謂點：不管別人有多少房，有一間能容己之身就夠了；不管別人有多少財富，自己只要有一點能保暖果腹就行了；不管別人達到了怎樣的高度，我的腳步不停，每日攀登一點就好了！我不與人對比，只是量丈自己的能力，做自己力所能及的事情，達到自己想要的目標。達不到，也不灰心，不氣餒。「身是菩提樹，心如明鏡台，時時勤拂拭，莫使惹塵埃。」拂去心境上的塵埃，能使我們的生活更覺清爽無阻。

生活處處都有美的存在，只是我們沒有用心去留意，就像古代的袁宏道一樣，要不是他到郊外遊玩，他哪裡知道「郊田之外尚有春」。所以說，這個世界並不缺少美，只是它們不為人知罷了。在匆匆忙忙的人生路上，能有閒暇讓心靈與山水對話，那是一件很美妙的事。都市的一切實在太紛紛擾擾，我們已經在困惑中迷失了本性，丟掉了感悟與平靜的情懷，當天空透出陽光照臨大地時，我們又得匆匆忙忙去趕路。只要擁有自然的靈性，便能望見心靈天空的廣闊與美麗；若能拋開世俗的眼光，演繹出生命的經典，那些生命中的美便能常駐心頭。

無論是自然、人生還是藝術，只要是我們感悟到的，那就是美。

美不只是指景色美，它還有更深的一層含義——心靈美。心靈美也是一種美的體現，而且是美最廣泛的含義，它達到了美的最高境界——高尚！這種美無論置於何處，都閃爍著無法掩蓋的金色光芒。然而，它們不像景色美那樣用肉眼就能觀察到，而要用心去感受。

《我希望能看見》一書的作者彼紀兒·戴爾是一個眼盲了五十年之久的女

人，她寫道：「我只有一隻眼睛，而眼睛上還滿是疤痕，只能透過眼睛左邊的一個小洞去看。看書的時候必須把書本拿得很貼近臉，而且不得不把我那一隻眼睛儘量往左邊斜過去。」

可是她拒絕接受別人的憐憫，不願意別人認為她「異於常人」。

小時候，她想和其他的小孩子一起玩跳房子，可是她看不見地上畫的線，所以在其他的孩子都回家以後，她就趴在地上，把眼睛貼線上上瞄過去瞄過來。她把她的朋友所玩的那塊地方的每一點都牢記在心，不久就成為了玩這個遊戲的好手。她在家裡看書，把印著大字的書靠近臉，近到眼睫毛都碰到書本了。這份努力讓她得到了兩個學位：她先在明尼蘇達州立大學得到了學士學位，後又在哥倫比亞大學得到了碩士學位。

她的教書生涯開始於明尼蘇達州雙谷的一個小村莊，通過不懈的努力，她最終成為了南德可塔州奥格塔那學院的新聞學和文學教授。她在那裡教了十三年，並在很多婦女俱樂部發表過演說，還在電臺主持過談書節目。

她在書中寫道：「在我的腦海深處，常常懷著一種怕完全失明的恐懼，為了克服這種恐懼，我對生活採取了一種很快活而近乎戲謔的態度。」

在她五十二歲這年，一個奇蹟發生了。她在著名的梅育診所進行了一次手術，這次手術使她的視力提高了四十倍。一個全新的、令人興奮的、可愛的世界展現在了她的眼前。

得見天日後，她發現，即使是在廚房水槽前洗碟子，也能讓她很開心。她寫道：「我開始玩著洗碗盆裡的肥皂泡沫，我把手伸進去，抓起一大把肥皂泡沫，把它們迎著光舉起來。在每一個肥皂泡沫裡，我都能看到一道小小彩虹閃出來的明亮色彩。」

當你去審視自己的心靈時，能否像彼紀兒・戴爾那樣在肥皂泡沫中看到彩虹？生活中的陰雲和不測，不知會使多少人活在自怨自艾的邊緣，許多人早已習慣了用抱怨和悲傷去迎接生命的各種遭遇，由於自身內心世界的陰晦，使得原本明朗的生活變得泥濘而毫無希望。

想想像彼紀兒・戴爾這樣的人吧！用心去感受你眼中的可愛世界吧！當你看到一對白髮蒼蒼的老人手挽手地相互攙扶著在公園裡面散步時；當你一大早上班，同事主動向你打招呼時；當你擠在公共汽車上，不小心被踩到了腳，對方忙不迭地說「對不起」時；當你打電話回家，電話那頭傳來父母熟悉而親切的問候時；當你突然收到久未聯繫的友人寫給你的信時；當新年的鐘聲敲響的那一剎那，家人和朋友祝你新年快樂時……難道這不是美嗎？有這麼多人在時刻地關心著你，你還會覺得自己孤獨嗎？你還覺得人們冷若冰霜，不可接近嗎？

生活的美與醜，全在自己怎麼看。如果你將心中的醜陋和陰暗面徹底放下，然後選擇用一種積極的心態去體會生活，你就會發現，生活處處都美麗動人。

佛心流慧泉—親近大師，你會更智慧

作者：羅金
發行人：陳曉林
出版所：風雲時代出版股份有限公司
地址：10576台北市民生東路五段178號7樓之3
電話：(02) 2756-0949
傳真：(02) 2765-3799
執行主編：劉宇青
美術設計：許惠芳
行銷企劃：林安莉
業務總監：張瑋鳳

初版日期：2018年9月
版權授權：馬峰
ISBN ：978-986-352-623-0
風雲書網：http://www.eastbooks.com.tw
官方部落格：http://eastbooks.pixnet.net/blog
Facebook：http://www.facebook.com/h7560949
E-mail：h7560949@ms15.hinet.net
劃撥帳號：12043291
戶名：風雲時代出版股份有限公司

風雲發行所：33373桃園市龜山區公西村2鄰復興街304巷96號
電話：(03) 318-1378
傳真：(03) 318-1378
法律顧問：永然法律事務所 李永然律師
北辰著作權事務所 蕭雄淋律師

行政院新聞局局版台業字第3595號 營利事業統一編號22759935

國家圖書館出版品預行編目資料

佛心流慧泉—親近大師，你會更智慧 ／羅 金 著. -- 初版. -- 臺北市：風雲時代，2018.08- 面；公分

ISBN 978-986-352-623-0（平裝）

1.佛教修持　2.生活指導

225.87　　107010360